岸野令子

ニチボー
НИЧЕГО
とケンチャナヨ
괜찮아요

私流
映画との出会い方
2

せせらぎ出版

はじめに～ニチボーとケンチャナヨ

ニチボー（НИЧЕГО）はロシア語、ケンチャナヨ（괜찮아요）は韓国＝朝鮮語。どちらも、よく使われる言葉で、「大丈夫」「心配ない」「何でもない」「気にするな」「かまわない」といろんなニュアンスの言い回しである。

主に、このふたつの言葉の国と民族の映画について書こうと思う。どちらも私の関心のある地域と人々だ。彼の地、彼の人々について、私は主に映画を通して馴染んできた。実際に行ってみて、さらに関心が深く興味も深くなった。これは私的な映画史でもある。

1970年から1989年まで、私は全大阪映画サークル協議会事務局で働いていた。1949年に結成された全大阪映画サークル協議会（略称／大阪映サ）は、当時、全国的に結成された労音、労演といった組織の映画バージョンといえるだろう。〝よい映画を安く〟をスローガンに大衆（労働者）に文化芸術を広めるために作られた団体だ。良い映画とは、端的にいえば反戦平和と民主主義を謳うものであろう。映画サークル協議会には、主として職場や学校に3人以

1983年、映画評論家の品田雄吉さんとモスクワ国際映画祭で

上の単位で映画サークルを作り、加入した。主体は個々のサークルの自主的な活動であって、いわば下からの組織化が先にあり皆で運営方針を決めていく、そこが上からの指導で動く団体とは違い〈協議会〉と名乗るゆえんだった。大阪映サのその独自性に私にも大いに影響されたと思う。

　政治的な動きと無関係ではない映画サークル運動は、ソ連のスターリン批判や、60年安保闘争などを経て、独立プロの支援活動など、運動の中身も変化したが、直接私は経験していないので、ここではこれ以上触れない。

　私が事務局員になってすぐに、70年大阪万博に合わせ大々的に〈ソビエト映画フェスティバル〉を開催する話があり、その実行委員会事務局の仕事を大阪映サが引き受けた。これが私をソビエト映画に目覚めさせてくれたのだ。

　当時からハリウッド映画よりヨーロッパ映画（主に西側）が好みだった私は、そのどちらでもないソ連映画の魅力を、ようよう知った。そして、ソ連映画の日本への紹介という功績が評価され、大阪映サの代表が〈モスクワ国際映画祭〉に招待されることになった。私は

１９８１年、１９８３年、１９８５年の3回、この映画祭に参加し、一般にはあまり知られていない国や地域でも映画がさかんに作られていることを知った。

当時、〈モスクワ国際映画祭〉について、こう書いている。

> 国際映画祭は、〝映画共和国〟とでもいうような民族・国籍・体制を超えた一種のユートピアを現出させる。それは〝大いなる幻影〟かもしれぬが、私はそこに映画人の平和への思いを実感するのである。
>
> 朝日新聞　１９８５年8月3日

いまもその思いは変わらない。

私と韓国とのかかわりはもっとのちの１９８０年代後半になってからである。

１９８８年のソウル・オリンピックのころから民主化が進んできたとはいえ、私にとってはまだまだ反共軍事国家のイメージが強かったのだが、アジア映画社が『**鯨とり**』『**青春スケッチ**』の2作品を一般

公開したのが、韓国への興味を開いてくれた。それまで自主上映会などで見た韓国映画は、女性が虐げられる暗い映画が多かったので、私には魅力が感じられなかったのだ。

じゃあ一度韓国にも行きましょうと、アジア映画社の兪澄子さんにコーディネーターになってもらって、韓国映画ツアーに行った。その時は『**西便制**《ソピョンジェ》』（公開タイトル『**風の丘を越えて～西便制**』）が大ヒットしていた。

その後、１９９４年に〈大阪韓国映画祭〉を開催してその事務局を仰せつかったことが転機となった。ゲストに招いたパク・ジョンウォン（朴鍾元）監督との縁で『**永遠なる帝国**』の配給まですることになった。そして１９９７年〈第２回釜山《プサン》国際映画祭〉への参加から、私の映画人生は大きく韓国にシフトした。

１９８０年代の終わりから〈香港国際映画祭〉に通うようになり、１９９７年の中国返還後も２０００年代はじめまでは参加していたが、「釜山に行けば、香港には行かなくてもいいかな」となり、その後、〈全州《チョンジュ》国際映画祭〉にも行くようになって、今は主にこのふたつの国際映画祭に通っている。

２０２０年、世界的なコロナ禍でどこにも行けなくなった。いったん立ち止まって、この間の整理をする機会かなと考えている。

ニチボーとケンチャナヨ

私流・映画との出会い方2

もくじ

CONTENTS

はじめに～ニチボーとケンチャナヨ …… 1
もくじ …… 5
1991年● 作り手の意志が強く反映 …… 11
1992年● 外国暮らしの中国人をテーマに …… 15
1993年● 韓国の伝統芸能、パンソリ映画大ヒット …… 18
1993年● 「国際先住民年」開催の意義 …… 21
1994年● 未審査の中国映画がキャンセルに …… 24
コラム 撮影所の建設と若手監督の台頭 …… 27
1995年● ソ連崩壊後のロシアはいま …… 29
1995年● 個性が光る女性監督作品 …… 33
1996年● 東洋と西洋の文化のブレンド …… 35
1997年● 返還前夜の熱気はらんで …… 38
1997年● オーバーハウゼン、老舗の国際短編映画祭 …… 41
1997年● はじめて参加した釜山国際映画祭 …… 44
1998年● 珍しくなった女性監督作品 …… 49
1998年● 日韓映画交流はまだこれから …… 52
1998年● 『フルスタリョフ、車を!』との出会い …… 54
1999年● 香港映画のニューウェイブ～その20年後 …… 58
コラム ロシアの夏 …… 61

2000年●〈独立時代〉を前面に出した香港……65
2000年●遠慮のない観客の反応……72
2001年●香港フィルムアーカイヴがオープン……76
2001年●9・11直後の開催の臨場感……79
2001年●『子猫をお願い』と出会った！……83
コラム “英語帝国主義”からの脱却を……88
2002年●グローバル・ヴィジョンという意識……91
2002年●映画文化は自由貿易の対象物ではない……95
2003年●若き女性映画人の登竜門……98
2003年●『もし、あなたなら～6つの視線』と出会う……101
コラム 歩いて探したサンクトペテルブルクの映画館……105
コラム ベトナムのダン・ニャット・ミン監督……110
2004年●異文化の侵入に対する弱者の選択……114
2005年●トニー・レオンとアンディ・ラウが後押し……117
2005年●日本に生きるということ～境界からの視線……119
コラム 『力道山』にみる日本と韓国・朝鮮の近代史……122
2006年●『蟻の兵隊』がワールド・プレミア……126
2006年●ビッグスターも労働者として……129

コラム 韓国映画『王の男』の大ヒット……132
コラム 連想『夏物語』……136
コラム ユン・イノ監督の新作ロケに……140
2007年● ベルリンで開かれたアジア女性映画祭……144
コラム ベルリン7日間乗り放題チケット……149
2008年● はじめて全州国際映画祭に……153
コラム 大好きなイム・スルレ監督……156
2008年● 海雲台ビーチでカザフの俳優さんと会う……159
コラム 映画にみるパターナリズム……163
コラム 続・パターナリズム～『グラン・トリノ』……167
コラム 韓国の女性映画人たちにエールを……170
2009年● 釜山は〈映画都市〉宣言……175
コラム 言語と食事……178
2010年● 映画の未来を支える若者たち……182
コラム ハラボジの歓待付き、全州4人旅……185
2010年● 社会的マイノリティへのまなざし……189
コラム プチ旅行はまたもや釜山……192
2011年● 助け合い連携する韓国女性……195

２０１１年●メイン会場として〈映画の殿堂〉オープン……198
２０１２年●労働者階級の母の姿……202
２０１２年●母なる存在を脅かす環境や社会描く……205
２０１３年●デジタル時代のドキュメンタリー……208
２０１３年●誰の子でも関係ない……210
２０１４年●働いてつくった筋肉の力……213
２０１４年●『ダイビング・ベル』上映をめぐり紛糾……216
２０１５年●まだ見ぬ傑作を探す醍醐味……219
２０１５年●セウォル号犠牲者への鎮魂……222
コラム　ハプニングで受賞式に出席……225
２０１６年●貧困と孤独は各国共通のテーマ……229
２０１７年●大統領選を意識した作品選択……232
２０１８年●改革に着手した釜山国際映画祭……235
２０１９年●韓国映画１００周年記念の年……238
２０１９年●釜山国際映画祭の改革と変化……241
コラム　時代の変化を象徴する韓国女性監督の活躍……244
映画タイトル～主な作品インデックス……250

1991

作り手の意志が強く反映

〈第2回山形国際ドキュメンタリー映画祭〉は、10月7日から13日まで山形市の中央公民館（メイン会場）や市内数ヵ所の映画館で開かれた。今回が第2回目、世界38ヵ国260本の応募作品があり、予選通過の15本がコンペティションに参加。グランプリ（ロバート&フランシス・フラハティ賞）には賞金300万円、最優秀賞（山形市長賞）は100万円、優勝賞（2本）、奨励賞、特別賞にはそれぞれ30万円という賞金が授与される。この映画祭のため2億円の予算が組まれたという。日本の地方都市がこれだけの規模の映画祭を開く例は他にない。どんなふうに運営されるのか、この目で確かめたく、私は山形に飛んだ。

私がドキュメンタリー映画に魅かれるのはなぜか。簡単にいえば、劇映画と違って商業主義の制約がないため、作り手の意

山形国際ドキュメンタリー映画祭は隔年開催。写真は1995年の会場風景

志がストレートに反映するからである。つまり最初に、このことを言いたい（撮りたい）という気持ちから出発している。たまに商業映画としてドキュメンタリー映画が撮られる場合がある（オリンピックの記録映画など）が、それは例外で、ほとんどの作品は儲かることを前提としていない（結果的に劇場公開され儲かったということがあるにせよ）。

言うべきことがある、というところから、その表現手段として映画を選ぶのである。そして、その表現方法として、ドキュメンタリーが成立する。ドキュメンタリーは、単なる記録ではなく、事実の記録を使ったひとつの表現方法である。たとえ同じ記録フィルムを使っても、編集でまったく反対の意味を与えることができるのだから。

今回、私がいちばんショックを受けたのは**『その昔7人のシメオンがいた』**（ソ連）である。イルクーツクに〈7人のシメオン〉という7人兄弟のアマチュア・ジャズバンドがあったが、兄弟とその母が西側に亡命しようとしてハイジャックに失敗、集団自殺したという事件が起こった。このニュースに驚いたヘルツ・フランク監督は、事件の背景を探ろうとする。なぜなら彼は、事件の3年前、その兄弟バンドとその母を紹介する20分のドキュメンタリーを作っていたからだ。生き残った弟に対する公開裁判やインタビューを通してさまざまな事実が明らかになっていく。幸せでなかった暮らし向き、親善公演で行った日本（金沢）の繁栄ぶりなどに西側への憧れがかきたてられたのではないか、と思わせられる部分にはこちらの胸が痛んだ。人間の運命を目撃してしまった作品。

いちばんオーソドックスなドキュメンタリーは、現在進行形の事実を時間の経過にしたがって撮っていくものである。これは時間がかかる。しかしそれだけの重さがある。たとえば『**アメリカンドリーム**』（アメリカ）がそうだ。ある食肉工場で時給切り下げに抗議して労働組合がストライキに入る。上部団体の支援が得られず下部組織が独自で闘うことになり、長期戦となった。その間の労働者、組合幹部、会社側の人々の姿を追っていく。バーバラ・コップル監督は、レーガンの経済政策がどんなものだったかを知らせてくれた。

『**閉ざされた時間**』（ドイツ）は、シビル・シェーネマン監督自身が、かつて自分を国家反逆罪で刑務所に入れた人々を探し出しインタビューしていくという作品である。旧東ドイツの監督だった彼女は、西への出国希望を出したあと逮捕され、1年の刑を受け、西へ追放された。ベルリンの壁が崩れた今、彼女はもとの場所を訪れた。見つけた人々は口々に「命令だった」と責任をとらない……。

女性政治犯のその後をインタビューした『**生きて帰れてよかったね**』（ブラジル）は、複数の女性の話に女優による感情的なパフォーマンスを挿入することで、彼女たちの気持ちを代弁させる手法を取った。同じように獄中体験を持つルシア・ムラト監督作品。

女性の更年期問題から差別の構造を引き出す『**特権**』（アメリカ／イヴォンヌ・レイナー監督）のユニークな語り口も印象に残った。やはり、ドキュメンタリーの分野は劇映画以上に女性監督が進出しやすい。今回も7本が女性監督作品だった。前回（1989年）はアジアのドキュメンタリーがコンペに残らないのは〈なぜか〉という問題提起がなされ、今回のアジア・シンポジウムに発展したということだが、次回にはアジア、そして日本の女性監督によるドキュメンタリーがたくさん見られることを願う。

蛇足。サブ・イベント〈日本ドキュメンタリー映画の興隆〉で、労働者の闘いを記録したものが数本あった。『**号笛なりやまず**』（1949年）は国鉄労働者の日常が描かれているが、今なら女性蔑視とされるような表現があったのには驚いた。ドキュメンタリーは、歴史の良き（悪しき？）証言者となる。

大阪民主新報　1991年11月17日

1992

外国暮らしの中国人をテーマに

毎春開催の〈香港国際映画祭〉が楽しみで、ここ5年続けて出かけている。今年は第16回を迎え、九龍《クーロン》島側の香港カルチャーセンター、香港島のシティホールなど市内6ヵ所で約150本の作品が上映された。

アジアを除く世界各国の作品が集められた〈インターナショナル部門〉の出品数は例年より少なかった。激動する現実の世界情勢に、映画の対応が追いつかないのかもしれない。チェコスロバキアから、ハベル大統領の戯曲をもとにした『**乞食オペラ**』（監督は『**つながれたヒバリ**』のイジ・メンツェル）が出ていたのが目を引いたくらいだった。

トルコ、中東から東アジアまでをフォローする〈アジア部門〉も作品数が減った。この部門に出たイスラエルの『**カップ・ファイナル**』（エラン・リクリス監督）は、敵対するパレスチナとイスラエルの人間が、サッカーのワールドカップ試合ではともにイタリアを応援しているとわかり仲良くなるという喜劇だった。すでにモスクワやベルリンの映画祭にも出品された、いかにも国際映画祭向きの作品で、喜劇の好きな地元のファンにも受けていた。

西ドイツの鬼才ライナー・ヴェルナー・ファスビンダー監督の没後10年を記念した『**ベルリン・アレクサ**

ンダー広場』全15時間の上映、李香蘭（山口淑子）出演映画特集、中国のリン・ツォーフォン*（凌子風）監督特集などいくつかの特集が組まれたが、今回のハイライトは何といっても、「電影中的海外華人形象」と題するレトロスペクティヴ（回顧上映）であった。

1997年の返還を前にした香港人にとって、海外へ移住するかどうかは大きな問題であろう。外国で暮らす中国人をテーマにした映画の特集上映というのは、なかなか意味深いのではないかと思う。作品は香港映画だけでなく、各国に散らばる中国系作家たちのものや**『散りゆく花』**のような古典も含まれていた。

メイベル・チャン監督**『非法移民』**（1985年）は、ニューヨークで労働許可証なしに働く香港青年が、中国系アメリカ人の娘と結婚したことにして移民局の目をごまかそうとする様子を描いた作品。オーストラリアの監督、ピーター・ウィアーの**『グリーン・カード』**より動機が切実なのと、まわりの中国人たちの仲間意識が描かれている点で興味をひいた。

クララ・ロー監督**『外国の月はちょっと丸い』**（1985年）は、香港と大陸からそれぞれイギリスに留学してきた女と男の恋の困難さをとらえていた。ロー監督にはエディ・フォン脚本で、外国へ単身で働きに出た者（太空人という）と残った家族との哀歓を描いた**『あの愛をもういちど』**など、同種のテーマの作品が多い。

最も印象に残ったのは、このエディ・フォンが監督した**『郁達夫傳奇』**（1988年）だった。中国の文人・郁達夫《いくたつふ》（1896－1945）のことは、この映画を見るまで何も知らなかった。若いころ日本に留学し、作家となるが、「自己に誠実な作風は左右両派から非難され、晩年の作家的成熟が阻害された不幸な人」

だとフォン監督はインタビューで述べている。映画では、彼の日本留学時代は別の俳優が演じているが、晩年の郁に扮しナレーションも担当したのは、香港のトップスター、チョウ・ユンファである。同時代人として郭沫若《かくまつじゃく》らしい人物なども画面に登場させている。

フォン監督には『**川島芳子**』という作品もあり、彼が中国と日本の歴史に並み並みならぬ関心を持っていることがうかがえる。

日本における香港映画の情報や紹介のされ方は娯楽作品が中心で、こうしたシリアスなテーマで、日本人にもかかわりのある映画が少なからず作られていることは、あまり伝えられていないのではないか。とりわけ今回の映画祭は、それを痛感させてくれた。

毎日新聞　1992年7月2日

＊『**駱駝の祥子**』『**春桃**』などで知られる。

1993

韓国の伝統芸能、パンソリ映画大ヒット

ソウルの中心地にある映画館街、その中でも日本の植民地時代からある伝統的な映画館「団成社《ダンソンサ》劇場」（１０００余席）には、連日各階層の観客が切符を求めて並んでいる。イム・グォンテク監督の新作**『西便制《ソピョンジェ》』**（公開タイトル**『風の丘を越えて～西便制』**）を見ようとする人々である。私が見たのは、日曜の午前11時からの1回目だったが、もう満員だった。入場料は４０００ウォン（約５３０円）。

ひとりの鼓手の打つ拍子に合わせ、ひとりの唱い手が長い物語を唱い語り、演じる韓国の伝統芸能パンソリ。映画は、旅回りを続けるパンソリ芸人ユボン（キム・ミョンゴン）と、義理の息子ドンホ（キム・ギュチョル）、養女ソンファ（オ・ジョンヘ）の１９４０年代から60年代に至る物語だ。成人したドンホは、パンソリの鼓手修業をやめ家出する。ソンファへの愛を断ち切るためでもあっ

1993年、『西便制』のヒットでにぎわう団成社劇場前

た。残されたソンファにパンソリ芸の極意を悟らせようと故意に失明させる、義父で師匠のユボン。しかし、自責の念にかられつつユボンは世を去る……。

ドンホと再会したソンファが、パンソリの代表作「沈清伝」（父親のため人身御供となる娘の物語）を絶唱するラスト近いシーンで場内からすすり泣きが漏れた。3月末から同館のみのロードショー公開で、6月初旬には30万人を超える観客を動員し、続映中である。この記録に釜山《プサン》、大邱《テグ》などの都市でも公開され好評だ。

脚本も書いた主演のキム・ミョンゴン氏に会った。彼は劇団「アリラン」を主宰し、パンソリをはじめとする韓国の伝統芸能を現代劇の舞台に生かす演劇活動を積極的にしている人である。

左から主演のキム・ギュチョル、脚本・主演のキム・ミョンゴン、音楽のキム・スチョル、主演のオ・ジョンヘ

イム・グォンテク監督（左）とカメラマンのチョン・イルソン

「外国の文化・芸能を模倣するのに夢中だったインテリ層や若者が、経済成長の中で立ち止まり、自分たちが失ってはならないものに気づいてくれた。それが、社会的な共感を生んだのだろう」とヒットの要因を分析した。

しかも、映画人気でパンソリが復権し始めたといい、「伝統芸能を取り上げたテレビ番組の視聴率が倍になり、パンソリを習いたいという若者が急増した」とうれしそうだった。

製作にあたったテフン映画社のイ・テ

ウォン社長に、韓国映画の現状とこの作品の占める位置について語ってもらった。

「ここ数年は年間70、80本製作されていたが、今年は50、60本ぐらいになりそうだ。年間20本の秀作に国から1本当たり5000万ウォンの援助金が出て、40％がスタッフに、60％が製作会社に配分される制度がある。1本の製作費は平均5億ウォンだ。製作本数が減ったのは、映画法の改定で、製作本数と同じだけの外国映画を輸入できるというメリットがなくなったことと、全体的な観客動員数の減少のため。ただしウチの会社は例外。**『西便制』**の前に作った**『将軍の息子』**（当時日本未公開）も大ヒットしたからね」と破顔した。

そして、**『西便制』**は、韓国映画の財産として、次代に受け継がれる作品になるだろうとの評価を得た。さらに完成されたものにするために、現在追加撮影をしていると、自信のほどを見せた。

『曼陀羅』『シバジ』『波羅羯諦《ハラギャティ》』『アダダ』など、韓国の土俗的な因習を土台に人間の尊厳を描き、日本でも多くの共感者を得たこの作品の監督イム・グォンテク氏。追加撮影中でソウルにいないと聞いて来たのだったが、この日、劇場前に現れた。ヒットのお礼を兼ねてのサイン会が開かれたのである。彼とコンビを組んで名作をものしてきた名カメラマンのチョン・イルソン氏や主演の3人、それに音楽のキム・スチョル氏（**『鯨とり』**で知られるシンガー・ソングライター）も同席した。この幸運に私は舞い上がり、聞くべき言葉を失っていた。ただ、ぜひとも**『西便制』**を、日本[*]で公開させたいと心に誓ったのである。

読売新聞夕刊　1993年7月1日

＊ ご存じのように、その後『風の丘を越えて～西便制』として日本公開された。

1993

「国際先住民年」開催の意義

隔年開催の〈山形国際ドキュメンタリー映画祭〉は、今年（1993年10月5日〜11日）で3回目を迎えた。今年は国際先住民年で、コンペティション会場とは別に特設の〈先住国シアター〉が作られ、アメリカと呼ばれる土地から、カナダと呼ばれる土地から、エクアドルと呼ばれる土地から、ブラジルと呼ばれる土地から、アオテアロア／ニュージーランドと呼ばれる土地から、オーストラリアと呼ばれる土地から、そしてニッポンと呼ばれる土地から、というふうにその土地のネイティヴが作った映像や、あとから住んだ者がネイティヴを描いた作品がたくさん上映された。私は、主にコンペティション作品を見たため、並行上映された〈世界先住民族映像祭〉にはあまり参加できなかったのだが、非常に有意義な作品が多かったとのこと。とりわけ特別上映の**『イマジニング・インディアン』**（ヴィクター・マサエスヴァ監督）は、アメリカ先住民ホピ族の監督が、先住民をモチーフにしたあらゆる商品の作り出すイメージを、先住民の側から検討する作品で面白かったと聞いた。たとえば映画**『ダンス・ウィズ・ウルブズ』**で使用された部族の言葉は男性が決して使わない女性語であったという話など、われわれには啓蒙される作品だったそうだ。

さてコンペティションでは、世界から集まった三百数十本の中から予選を通過した15本が上映され、私はそのうち11本を見た。気に入った映画をいくつか紹介しよう。

オランダのポール・コーエン監督の『**パートタイム・ゴッド**』は、現在のメディアの多様性をコンピューター・グラフィックスを駆使してみせてくれたユニークな作品だった。人々はマルチ映像のスイッチを操作してさまざまな世界を垣間見ることができる。つぎつぎとチャンネルを換え、他人の生活を覗くことのできるこの装置に触る人は、まるでパートタイムの神様のような位置にあるといえる。つまり世界の選択権をわが手に握っているのだから。切り取られた映像から何を感じとるかは、見るものの想像力にゆだねられている。しかし、画面に登場（出演）する人たちを選んだのは監督なのだ。すなわち、この映画を作った監督の行為もまた全権を掌握した神のごときであったわけだ。すべてを自分で取捨選択できる喜びは、独裁者の喜びでもある。「私たちは、民主主義を大切にしなければなりませんが、時には横暴な独裁者にもなりたいのです。この映画作りは、そうしたひそかな願望をかなえる行為でもありました」と、監督は終映後の質疑応答で率直に語った。

私は、この登場人物の中で、乳ガンの手術をする女性のエピソードにひかれたので、彼女との出会いについて質問してみた。監督は彼女とは知人で出演の約束をしていたけれど、ガンが発見されたのは撮影直前で、ニューヨークの彼女から電話をもらい、監督たちは即座に出発、手術場面を撮ったということだった。

このようにドキュメンタリーでは、どんな被写体を選ぶかが、映画の面白さの大きな要因となる場合が多い。そんな意味で、尊属殺人の被告たちを追ったアメリカの『**ブラザーズ・キーパー**』（ジョー・バーリンジャー／ブルース・シノフスキー監督）や、国境を越えてチェコに住む女性を後妻にと望む男の話を描いたオーストリアの『**予測された喪失**』（ウルリッヒ・ザイドル監督）[*]が、強い印象を残した。

前者は、50代の弟が60代の長兄を安楽死させた罪に問われ、その裁判の模様が写される。極貧で識字力もない初老の独身の兄弟たちは、それまで村人から無視されていたのだが、公判を通じて村人の支援を受け、被告は無罪となる。豊かなアメリカというイメージを覆す世界が提示され衝撃を受けた。後者も、東西の格差、物質的豊かさが精神的豊かさをもたらすものではないことを、村人たちの会話や表情で雄弁に語ってくれた。

大阪民主新報　1993年11月14日

＊　日本ではウルリッヒ・ザイドル監督の「パラダイス」三部作（2012〜13年）が一般公開されている。まるでドキュメンタリーのようなフィクション映画だった。

1994

未審査の中国映画がキャンセルに

毎年４月に〈香港国際映画祭〉に行くようになってから7年目だ。どんどん変化しているこの都市について、たった数日の滞在でどうこう言うのは厚顔無知もいいところだが、それでもいくつかの出会いが、その変化の一端を見せてくれたと思うので書き留めておきたい。たとえば空港税。去年は１５０ドルだったのに、この４月からいきなり50ドルに値下げしている。毎年収入実績をみて変えるのだと言う人もいれば、新空港建設費のため去年までは高かったのだと言う人もいる。そういえば数年前までは１００ドルだった。

一般的には物価は少しずつ高くなっているようで、トラム（路面電車）、フェリーなどははじめて乗った時の倍になっている。といっても０・６ドルが１・２ドルになったというくらい安い料金だけれど。ちなみに１ＨＫドルは約14円。映画祭の切符も去年の36ドルが40ドルになっている。普通のロードショー館も40ドルから43ドルといったところ。それでも日本の映画館ほど高いところは世界中どこもないだろう。

〈香港国際映画祭〉は今回が第18回目、１９９７年の中国返還の年までは開催すると香港政庁が確約しているという。その規模は、２週間で１５０本くらいの作品を上映するもので、コンクールはなく世界各国の優れた作品を担当者が選んで見せる形式である。カンヌやベルリンなどの映画祭受賞作などもいちはやく紹介されるため、近年は日本からの参加者も増えている。ほとんどが英語字幕付きで、地元でも映画ファンには待ち遠しいイベントとなっている。

今年の特集上映は、上海と香港、ふたつの映画都市で作られた作品の回顧展であった。上海で1930年代に作られたいわゆる傾向映画など、珍しい映画も出品されており、研究家にも期待のプログラムだったが、直前に中国側が『**新舊（旧）上海**』など9本の出品を取り消すという事態が起こった。これは、香港と中国で合作された3作品が、中国で未審査（検閲）なのに〈香港国際映画祭〉に出品上映されることへの抗議だという。去年の〈東京国際映画祭〉でも、同様に未審査の『**青い凧**』が出品上映されたため、中国代表団が途中で帰るという事件があった。

香港と中国との映画交流は盛んになり、合作も増えている。しかし、できあがった作品をめぐって双方の意見が対立、香港側製作者が世界に出しているが、中国国内では未審査を理由に公開していないというケースはいくつかある。こうした出来事は、香港映画人にとって1997年以降の香港映画の将来に不安を抱かせるものだという意見が香港の映画雑誌『電影双周刊』4月7日号（391号）に載っていた。

個々の作品に触れるスペースが少なくなってしまった。私は毎回、主に女性監督作品を見るよう心がけている。その点でも〈香港国際映画祭〉の担当者は良い選択眼の持ち主であり感謝している。

ドイツのマルガレーテ・フォン・トロッタ監督は政治と女性をテーマにしている作家で、今回はイタリアに行き『**長い沈黙**』を撮った。これは、マフィアがらみの政治事件を担当した判事が、厳重な警察の警備にもかかわらず何者かに殺されたという実話をもとにしたもので、被害者の妻の側から、こうした事件が多発するイタリア社会の暗部を告発させる。そうした殺人で夫を亡くした妻たちの顔と声がつぎつぎとマルチ画面に登場するラストが悲痛で、ここは本当の犠牲者たちの証言によるドキュメンタリーであろう。

アルゼンチンのマリア・ルイザ・ベンベルグ監督も女性の生き方を主題とした映画を作り続けている作家だ。『**私はそのことについて話したくない**』は身体障害者の女性とその母の物語で、娘を愛するあまり彼女の自立を妨げている母の姿が、あたたかく描かれる。娘を愛した恋人（マルチェロ・マストロヤンニ）の出現と、その娘の旅立ちがファンタスティックな映像で綴られる。

どちらの作品も日本の映画作家たちが苦手とする世界を鮮烈にとらえて心に残った。

大阪民主新報　1994年5月15日

COLUMN 1994

撮影所の建設と若手監督の台頭

ソウルの中心部から車で東へ約2時間。山中にソウル総合撮影所（のちの南楊州総合撮影所。現在は閉所されている）が見えてきた。敷地は甲子園球場の約4・5倍の6万5000平方メートル。まだ整地の途中で、空港の滑走路のようなたたずまいだ。その一部にいくつかのステージが作られ、屋外には李朝後期の立派な屋敷が再現されている。全施設の完成は数年後だという。現在、ステージの一部を使って時代劇のセットが作られ、パク・ジョンウォン監督の大作**『永遠なる帝国』**の撮影がたけなわだ。

パク監督は1958年生まれ。1989年、裁縫工場の女子従業員がストライキにいたる過程を追った**『九老アリラン』**でデビュー。1992年、子どもの世界を舞台に権力争いの政治学を描いた**『我らが歪んだ英雄』**を発表、モントリオール、ニューヨークなどの国際映画祭で高い評価を得た。

『永遠なる帝国』は、韓国の作家イ・インファ（李仁和）の同名のベ

『永遠なる帝国』のロケ現場でパク監督と

ストセラー小説が原作。李朝第20代の王で、先王の英祖とともに諸改革を行い、文芸を復興させた正祖（アン・ソンギ）を主人公にした物語。

1800年のはじめ、正祖が創設した書庫で殺人事件が起きる。そこには、正祖の父の変死のなぞを解き明かす書物があった。正祖に仕える南人派の学者チョン・ヤギョン（丁若鏞／キム・ミョンゴン）ら実在の人物とフィクションの人物を交え、ミステリー仕立てに描く。

トップスターのアン・ソンギとキム・ミョンゴンが、『**西便制**』を手がけた巨匠イム・グォンテク監督の大作『**太白山脈**』に続いての共演で、早くも話題を集めている。権力抗争を描いているが、パク監督は「政治的というよりヒューマンな映画にするつもりだ。人間の二面性を追求したい」と狙いを語ってくれた。

1986年の映画法改正以後、検閲が緩くなり、社会的、政治的問題を掘り下げた作品もかなり自由に作れるようになった。パク監督は「90年代の韓国映画界には優れた才能が集まっている」と言い、期待できる若い同世代の監督として『**成功時代**』『**華厳経**』のチャン・ソヌ（1952年生まれ）と、『**チルスとマンス**』『**あの島に行きたい**』のパク・クァンス（1955年生まれ）の2人を挙げた。

主演のアン・ソンギ（左）とパク・ジョンウォン監督

読売新聞　1994年9月10日

1995

ソ連崩壊後のロシアはいま

3月から4月にかけて零下のロシア（モスクワとサンクトペテルブルク）に行き、いったん帰国して、すぐ恒例の〈香港国際映画祭〉に参加するため香港へ行くという、メチャなスケジュールを実行してしまった。私の課題はロシア映画の今を知ること。

地下鉄サリン事件直後の訪露で、彼の地でも連日オウム（ロシア人はアウムと言う）がテレビや新聞をにぎわしていた。「オウム」が金の力でテレビ番組を買い切って洗脳宣伝活動しているのは、3年前に行ったときも目撃した。今のモスクワで目立つのは何よりも「商業銀行」の広告看板である。わざわざ商業と書いたのは、ソ連時代の国家銀行と違う種類だからだ。市場経済を象徴する存在として商業銀行があり、なんでもありのキオスクが並び、エロ記事を満載した色刷りの新聞が地下鉄入口で売られている。新興宗教（?）も自由にどうぞ。市場経済とは、何でも売買する自由があることだと誰かが言っていた。

混沌の中でロシア映画はどうなっているのか。相変わらず街の映画館の大半はアメリカものである。ようやくニキータ・ミハルコフ監督の『**太陽に灼かれて**』がマヤコフスキー広場にある映画館モスクワで上映していることを情報紙で見つける。アメリカでアカデミー賞ノミネートのため再映されたのだ。この映画館は

〈オスカー特集〉として過去の受賞作品を並べて日替わりで上映していた。私はオスカー発表の日に行くことにする。もらったら良い記念日になるなあ、と思いつつ劇場のおばさんに結果を聞くと「もらった」と言う。それは結構だが何と入場料が他の時間帯（作品ごとに入れ替え）の3倍、1万5000ルーブルもする。これが自由価格制ってことかしら？

ちなみにレートは1米ドルがほぼ5000ルーブルに近づきつつあった。映画の平均入場料はその5000ルーブルくらいで演劇とあまり変わらない。だから芝居の方は満員で、映画館はガラガラなのだ。受賞効果のせいか、私たちが見た夜はさすがによく入っていたけど。

『太陽に灼かれて』はスターリン粛正前夜の物語である。別荘で妻子とのんびり過ごすコトフの前に、革命の同志であり、妻のかつての恋人だったドミトリが現れる。それが嵐の前触れで、次いでスターリンからの〈お迎え〉が来る。コトフは何かいいことでもあるのかなと高級車に乗り込み……というストーリーは極めてわかりやすい。しかしミハルコフ作品としては決して良い出来とは言えまい。原題は1936年当時流行した「疲れた太陽」というタンゴの語尾を格変化させたもので、「太陽に疲れた人々」の意。ロシア人にはピンとくる題名らしい。アニメ**『話の話』**にも使用されている有名な曲である。

ミハルコフは同時期にすばらしいドキュメンタリー**『アンナ／6歳から18歳』**というのを完成させており、こちらも特別に見せてもらった。自分の娘アンナの成長記録に、ソ連からロシアへの歴史が重ね合わされる。紙数がないのでくわしく触れられないが、むしろこちらを日本公開してもらいたいくらい。

さてモスクワでは2本しか見られなかったウサを晴らすべく、香港でがんばった。やはりここでもロシア映画が気になる。本国で公開のメドが立っていない芸術作品が、海外の映画祭に出品されるというのが、ロシア映画界の現状である。

その名も『**ハンマーと鎌**』なる作品は、女から男へと性転換した人物の数奇な運命をブラック・ユーモアタッチで描いた傑作だ。

スターリンの指令で男になった主人公は、労働英雄として、同じく優秀な女性と結婚し、経済達成博覧会場にある巨大な銅像（モスフィルムのマークとして知られている）のモデルとなり、理想的家庭を体現すべく、スペイン市民戦争で孤児になった少女ドロレスを養子として迎える（精子がなくて実子はできない？　ドロレスの名は当然スペインの闘士イバルリから来ている）。だが彼は別の女性を好きになり、スターリンに離婚を願い出るが却下され、暴れて側近に撃たれ、植物人間と化す。そして彼は博物館に陳列され、見学者にさらされている……。

『**大理石の男**』のように本当の記録映画を挿入し、ソ

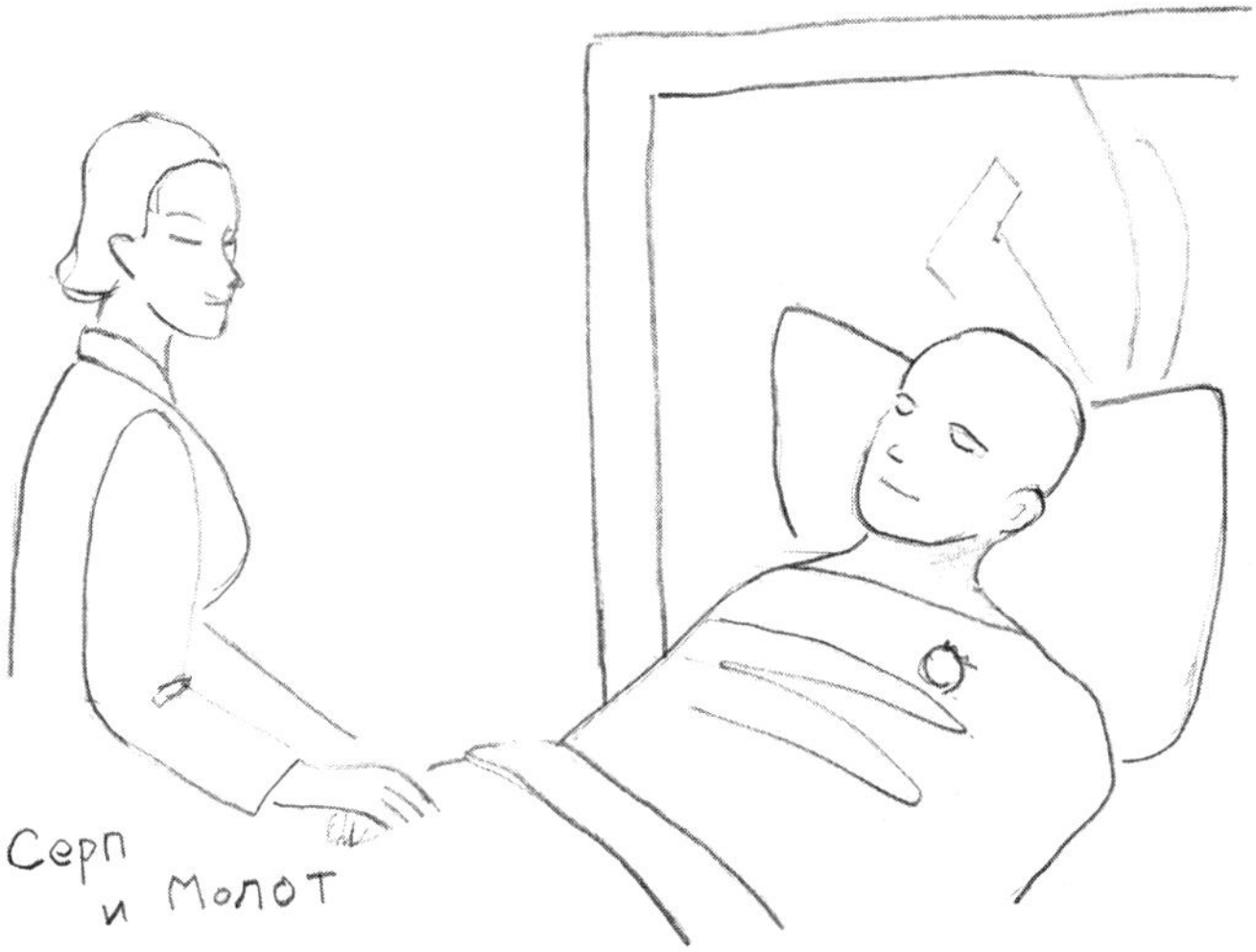

連の歴史を再構築していく。旧ユーゴのマカヴェイエフ作品や、旧ソ連のシャフナザーロフの『**ゼロシティ**』、アメリカの『**ガープの世界**』なんかと共通する複眼的視点を感じた。監督は1964年生まれのセルゲイ・リフネフ。新しい才能は育っている。

もちろん香港では他の国の作品も見た。ベトナム、韓国、チュニジア、そして台湾＝香港合作など。中では韓国の『**あの島へ行きたい**』がよかった。監督は『**チルスとマンス**』のパク・クァンス。朝鮮戦争中の離れ小島における人間関係が40数年たった今も尾を引いていることを、いろんな手法を使って描き出す。独特のヒューマンなセンスがある。

大阪民主新報　1995年5月14日

1995

個性が光る女性監督作品

〈カンヌ国際映画祭〉は毎年5月、約2週間にわたって開催される。作品の多くは日本では今秋から来年にかけて公開されることになるが、特に注目したいのは女性監督作品だ。私が見た女性監督作品は11本。全体に占める比率はまだ低いが、年々増えており、質的にはまったく互角。というより、女性という個性を生かした作品が登場している。テーマとして目立ったのは〝同性愛〟。男性同士のものは商業映画の中にもかなり登場しているが、女性同士のものは少ない。

ジョジアーヌ・バラスコ（フランス）の『**禁断の芝生**』は、夫の浮気に悩む妻がレズビアンの女性と恋に落ちるコメディー。女優でもあるバラスコが短髪にズボンのダイク（いわゆる男風スタイル）として登場、きわどいセリフを連発して笑わせる。

パトリシア・ロゼマ（カナダ）の『**夜が落ちていく時**』（公開タイトル『**月の瞳**』）は、教師の白人女性とサーカスの曲芸師の黒人女性との愛の物語。教師には男の恋人がいたが、曲芸師の積極的なアプローチで自らの同性愛感情に気づく。ヒロインたちの魅力とビジュアル感覚の良さ。いわゆる〝商売になる〟映像美の作品だ。

ベルギー、オランダ、イギリスの合作作品『**アントニアの系譜**』（公開タイトル『**アントニア**』）はマルレーン・ゴリス監督。アントニアという主人公と娘、孫、ひ孫までの女系家族が農場を経営し、共同体をつくっていく様子を寓話《ぐうわ》的に描いている。気の利いたセリフが随所にあふれていて、気持ちのいい映画だ。

ユニークさで随一だったのが、ルクセンブルク出身のアンヌ・フォンテーン監督（フランス）の『**オーギュスタン**』。俳優志望の青年が、役作りのためホテルのルームサービス係のアルバイトにいき、客とトンチンカンなやりとりをしたり、メードの中国系の娘と仲良くなったり。日常生活を1時間1分という中編にピタリとまとめた手腕がすごい。女性監督はコメディーが苦手という印象もぬぐってくれる。

中国生まれで北京電影学院を卒業、現在アメリカに住むワン・シャオイェン監督の『**モンキー・キッド**』は、少女の目で文化大革命期をとらえた作品だ。ヒステリックな時代をクールに見つめている。

その他、女優として知られるダイアン・キートン（アメリカ）、リブ・ウルマン（ノルウェー）、シルビア・チャン（台湾）、ソフィ・マルソー（フランス）らの監督作品も登場した。

大掛かりな装置やスター中心の硬直した男性監督作の中で、多彩な個性を光らせる女性監督。映画に新しい波を起こす予感が強い。

産経新聞　１９９５年8月19日

1996

東洋と西洋の文化のブレンド

香港人ご愛飲の「鴛鴦茶《ユンヨンチャー》」をご存じだろうか。紅茶（ミルクティー）とコーヒーを混ぜた飲み物で、これが意外とおいしい。なぜ香港に魅せられるのかといえば、このお茶のような異種のブレンドがもたらす絶妙な味がたまらないからだと思う。すなわちイギリスの植民地でありながら中国人が9割の人口を占める町として、東洋と西洋の文化のブレンド具合が面白いのである。

さて、その香港を舞台に行われてきた国際映画祭が今年20回目を迎えた。この記念すべき年に、事務局は20年の歩みをまとめた豪華なカタログを作ったが、それによると、今年の予算は670万香港ドル（約9500万円）。第1回はわずか11万香港ドルで始められたとあるから、この映画祭の発展ぶりは財政規模からもうかがえる。

内容的にもユニークな映画祭であることは広く海外にも知られている。その一番のユニークさは、アジア各国の秀作を精力的に集め、世界にアジア映画のパワーを教えたことだ。

コンペティション（審査）形式ではないため、かえって各国際映画祭で受賞した作品を集めることも可能となった。今年の例でいえば、昨年の〈カンヌ国際映画祭〉出品作品の主なものが網羅されており、早い話が、わざわざヨーロッパの映画祭まで行かなくても、ちょっと待てば香港で見ることができるというわけだ。

また例年話題になるのが香港映画のレトロスペクティヴ（回顧上映）で、今年は「60年代のスターたち」にスポットがあてられ、今もトップスターとして円熟した魅力をみせる**『女人、四十。』**のジョセフィン・シャオらの、アイドル時代の映画が多く上映された。

〈香港国際映画祭〉は、さまざまな人の交流の場にもなった。中国大陸のチャン・イーモウ（張芸謀）と、台湾のホウ・シャオシェン（侯孝賢）が香港で出会い、チャン・イーモウ監督の**『紅夢』**をホウ・シャオシェンがプロデュースするという成果も生まれた。

こうした〈香港国際映画祭〉を、オーガナイザー、コーディネーターたちは、たいへん苦心しながらプログラムを作っている。しかし、今年もまた、中国当局は本国で検閲許可を受けていない中国作品（自主映画）がプログラムに入っているということで、公式に上映を予定していたウー・ティエンミン（呉天明）の**『キング・オブ・マスク』**（公開タイトル**『變臉《へんめん》 この櫂に手をそえて』**）他をキャンセルした。

1989年の天安門事件以来、香港人は中国大陸との関係に緊張感をただよわせているが、文化交流における大陸側の硬直した態度は、よけい不安を与えるだろう。このすばらしい自主的な映画祭として存続する

第20回香港国際映画祭

ことを一ファンとして心から願う。

さて、20年目を迎えた今年、約１６０本の長編映画など計３００回近いスクリーン数で上映された映画の中から印象に残ったものをひとつあげるなら、フィリピンの**『最後の願い』**＊（ジョエル・ラマガン監督）である。

シンガポールにお手伝いさんとして出稼ぎに行っていたフィリピン女性が殺人罪で起訴され、死刑判決、執行されてしまった冤罪事件の映画化だ。俳優による再現とドキュメンタリーを組み合わせたもので、手法はさほどうまいと思えないが、今このことを映画にしなければという作家たちの熱い思いが、強い訴求力を生んでいた。アジアの映画祭で上映されたことにさらに強い感銘を受けた。

産経新聞　１９９６年５月３日

＊　本作は日本未公開だが、１９９６年〈アジアフォーカス・福岡映画祭〉で『フロール事件』というタイトルで上映された。

1997

返還前夜の熱気はらんで

1997年7月1日の中国返還を前に、22回目があるかどうかわからない状況もあり、現地は熱気をはらんでいた。香港の映画雑誌『香港電影双周刊』は「映画祭は自主独立でなければならない」とコラムで中国当局の規制を牽制する声をあげ、今年もまた中国作品のキャンセルという事態が起こった。

が、作品の方は香港、台湾、大陸合作もあり独自の動きを示している。スニーク・プレビュー（あらかじめ題名を発表しない試写会）に登場した作品『**リトルライフ・オペラ**』は香港のアレン・フォン監督、台湾の主演男女優、舞台は大陸（福建省）という合作映画。昔、一緒に地方オペラ（京劇の地域版）をやった仲間が再会するというメロドラマ。ここに出てくる中国人たちは人情ゆたかで、生活風景もつつましい。拝金主義に毒された男

第21回香港国際映画祭

性は更生し、かつての恋人とふたたび舞台に立とうと決意する。

一方、別の香港・中国合作映画も。昨年の〈東京国際映画祭〉にも出品されたホアン・チェンシン（黄健新）監督『**赤信号は停止、緑は進め**』（公開タイトル『**ただ今、仮免練習中**』）。自動車教習所を舞台に、ワイロが横行する中国の実態を辛辣に暴きつつ、香港や日本にも鋭い批判を浴びせる。どこにもおもねらない姿勢はいさぎよく、香港の観客は盛大に笑い拍手を送っていた。

今回見たアジア作品を思いだしてみれば、実にさまざまな家族像が登場していることに気付く。

韓国のパク・チョルス監督『**さよなら朴先生**』（原題『**学生府君神位**』）は韓国版『**お葬式**』。遺族たちの騒がしさはすさまじく大げさに嘆き悲しむが、本音はドライで、このセレモニーをどこやら日常の楽しみとしているふうなのがおかしい。

ベトナムのホー・クアン・ミン監督『**祈り**』は、フランス、ついでアメリカと戦ったベトナムの歴史に家族の離散が重ね合わされる。仏植民地時代に有力者の愛人であった姉は、その有力者が逃亡したとき、自ら望んで出家する。そこに対立する弟たちが交互に訪れるが、3姉弟が再会するのは、ベトナム戦争終結後。常に祈りをささげる姉の姿はこの国の人々の魂であり、戦う兄弟は肉体であるという。監督はスイス在住で、抑えた感情描写の美しさは、情よりも知に訴えるヨーロピアン・タッチ。

日本から出品された河瀬直美監督『**萌の朱雀**』（〈カンヌ国際映画祭〉で新人賞を受賞）の家族は、何ごとも騒ぎたてたりしないで受けとめる一家であり、台湾のチャン・ツォーチ*（張作驥）監督の『**忠仔**』の家族はガミガミ母さんをはじめ皆大声でしゃべる一家である。

映画祭はさまざまな民族の感情表現の振り幅に出会える。どの民族どの家族の物語も悲劇と喜劇は紙一重。外に発散するか内にこもるかの違いはあっても、それぞれの人生の重さは他者が代わるわけにはいかない。だからこそ個性を認め合い、平和共存していきたいと願ったことだった。

産経新聞　１９９７年5月24日

＊『最愛の夏』（１９９９年）、『きらめきの季節／美麗時光』（２００１年）などの監督。

オーバーハウゼン、老舗の国際短編映画祭

オーバーハウゼンはドイツ北部の小さな町である。そもそものきっかけは、昨秋来日した映画祭ディレクターのアンゲラ・ハールトさんと知り合ったことで、彼女は来年の映画祭に招待すると言ってくれた。その約束通り、この春ＦＡＸが来た。それによると飛行機代を負担すれば、宿泊ホテルとお小遣い（食費の代わり）の面倒をみてくれるという。行かない手はない。ドイツははじめてだけどなんとかなるさ、とホイホイ（といってもフランクフルトで乗り換え、デュッセルドルフまで約14時間のフライト）出かけてしまった。オーバーハウゼンはデュッセルドルフ空港からさらに車で数十分のところ。ちゃんと空港にお迎えが来てくれて、ホテルまで送ってくれる大サービス。翌日から１週間約１００本の短編を見まくった。

オーバーハウゼン国際映画祭の授賞式後、パーティ会場にて
アンゲラ・ハールトさんと合田健二監督と

1分から最長35分くらいまでの作品は、ドキュメンタリー、アニメーション、劇映画、実験映画、ファンタジー映画などいろいろあり、手法もさまざま。意外にもモノクロ・サイレント（または音楽や効果音のみ）の作品が多い。35ミリで撮った映画は、技術スタッフも撮影所メンバーによるもので、公共機関の助成システムがきちんとしていることがよくわかる。たとえばロシアの『**本物の男たち一行のピクニック**』は、現在民族紛争中のナゴルノ・カラバフ地域に撮影隊がはじめて入ったドキュメンタリーで、その本格的で決死のカメラワークに驚く。

ところで、この〈オーバーハウゼン国際映画祭〉には、日本からも3本がコンペ出品されていた。私は誰も知らなかったが、その中でビデオ作品『**PERSPECTIVE OF POWER**』を作った合田健二監督が来ているという。早速、合田監督らしき青年に声をかけて自己紹介し、以後食事やおしゃべりする相手ができた。もちろんいろんな国の人とも仲良くなった。

彼の作品は、連続殺人犯や死体をコンピューター画面に取り込み変容させる女の子などの映像を2分割されたスクリーンで見せていくもので、観客が好きな方を選択して自分で作ってくれたらいいと言う。私には難しかったが、オウム事件などとの関連を質問する人や暴力についての考察を述べる人など、観客に強い印象を与えた。

実は2度上映されたが、そのつど、映写トラブルで不本意な首尾に終わったことを、監督は残念がっていた。終了後、スタッフがお詫びに飛んできて「もう一度授賞式で上映させてもらうから、必ず来てください」と言う。「ってことは何かもらえるのかな?」「くわしくは言えませんけど……」「わあ、やったね!」

というわけで前祝いの乾杯をする。結果は〈ノルトライン＝ヴェストファーレン州都市開発文化スポーツ省賞〉で賞金5000マルク（約36万円）付き。これで次回作にかかれると監督。おまけに授賞式の翌日が彼の27歳の誕生日だったので大喜びだった。

グランプリ、準グランプリはともに女性監督のモノクロ作品で、その力量は誰もが認めるものだった。最後に私のお気に入りをひとつ。スイスのモノクロ作品『**一日の女王たち**』で、男女6人のダンサーがアルプスの麓でユニークな踊りを見せるドキュメンタリー。村人たちの伝統的な祭りの舞踊とモダンダンスが不思議な融合を見せる独特の映画で、見る至福を味わった。

大阪民主新報　1997年6月1日

1997

はじめて参加した釜山国際映画祭

思いがけず〈第2回釜山《プサン》国際映画祭〉（1997年10月10日〜18日）に招待された。同時期の〈山形国際ドキュメンタリー映画祭〉にも行きたかったが、今年は山形をあきらめて釜山に行く。10日の飛行機が取れず11日関西国際空港出発便となる。1時間20分で釜山金海《キメ》空港に到着。いろいろ手間取って、ホテルにチェックインしたときには夕方になっていた。でも今から3本は見れる！ いざ映画三昧の日々。

映画祭は次のカテゴリーに分かれている。〈アジア映画の窓〉17本、〈新しい潮流〉11本、〈韓国映画パノラマ〉9本、〈ワールド・シネマ〉21本、〈ワイド・アングル〉（短編とドキュメンタリー）、〈オープン・シネマ〉（屋外上映）、〈回顧上映〉キム・ギヨン（金綺泳）監督特集、香港映画回顧、初期アジア映画特集。またPPP（プサン・プロモーション・プラン）というアジア映画の活性化のために国を越えて製作する方法についての会談の場が設けられ、日本からもNDFの井関惺氏、松竹の市山尚三氏らがパネリストとして参加していた。ここでアン・ソンギはポーランドと合作の『**テコンド**』（！）に出演と聞く。

ゲストのリストに、技術スタッフとしてアテネフランセ文化センターの堀三郎氏らが〈スライド字幕〉担当とある。今では音声同調システムでほとんどミスなしに字幕が出るが、その昔、手で1枚ずつスライドを落としていた原始時代を知っているだけに、技術の進歩とそれが実際に国際交流に役立っているのを知って本当にうれしい。皆さまありがとう、お疲れさま。

さて、〈アジア映画の窓〉は各地の国際映画祭出品作や受賞作が並ぶ。いちばん人気は北野武監督『HanaｰBi』だ。カンヌ受賞の『**桜桃の味**』（イラン、アッバス・キアロスタミ監督）、『**ブエノスアイレス**』（香港、ウォン・カーウァイ監督）、ベルリン受賞の『**河**』（台湾、ツァイ・ミンリャン監督）をはじめ、『**張り込み**』（中国、ホアン・ジェンシン監督、ヤン・ヤーチョウ監督共同）『**ユメノ銀河**』（石井聰亙監督）など。

〈新しい潮流〉はアジアの新人監督作品のコンペティション。香港、台湾、インド、タイ、イラン、日本、韓国の作品が競った結果、『**Made in HongKong**』（香港、フルーツ・チャン監督）と『**モーテル・カクタス**』（韓国、パク・キヨン監督）が受賞。残念ながら私はどちらも見逃した。前者は、香港アートセンターの人からも推薦されたのだが、既に上映日が過ぎていたのだ。日本からは『**ひみつの花園**』（矢口史靖監督）、『**いつものように**』（けんもち聡監督）が出品された。ちなみに韓国では依然として日本映画の一般公開は禁じられているので、韓国の映画ファンはこうした映画祭でしか日本映画を見る機会がない。そして日本映画にかぎらずどの作品の場合でもそうなのだが、ゲストが来場すれば、上映後、熱心な質問や感想が出される。その雰囲気こそが映画祭の醍醐味で、たとえば北野監督もよほどうれしかったらしく、神妙に答えたあと「最後にひと言」として「サッカー、負けてくれませんかね」と言ったので、場内は一気になごみ、あたたかい笑いと拍手につつまれたのである。

今回私のお目当ては〈韓国映画パノラマ〉。他の部門でも上映される韓国映画をたくさん見ることだ。全部で22本の鑑賞作品のうち、韓国映画は8本見た。現在ヒット中の『**接続 ザ・コンタクト**』は日本の『**(ハル)**』みたいにパソコンで知り合った男女が実際に会うまでの心のゆらめきを描く。ソウルの映画館ピカデリーあたりでロケをしているのが、映画ファンにはうれしい。チャン・ユンヒョン監督。この作品の主演男優ハン・ソッキュは、今いちばんの売れっ子でポスト・アン・ソンギのスターだという。コメディの『**ナンバー3**』やスタイリッシュなやくざ映画『**グリーンフィッシュ**』にも出ていて、三者三様のタイプを演じ分けている。その『**グリーンフィッシュ**』(イ・チャンドン監督)は韓国映画関係者のイチ押しの作品。田舎から都会に出てきてやくざに拾われた若者が、ヒットマンとなり報復で殺される。日本でもよくあるパターンなのだが、違うと思ったのはラスト。主人公が死んで暗転したあと、画面は一挙に明るい田舎の家に移る。どうやら主人公の送金をもとに実家は食堂を経営しているのである。そこに現れるボスとその愛人。ふたりは壁の写真でここが彼の実家だと知るが、黙って食事(その場で締めた鶏のサムゲタン!)をして去る。これが韓国の儒教的家族観でなくてなんと呼ぼう。ここで思わず泣く人もいるようだが、私は堪忍してほしい。イ監督は脚本家としてパク・クァンス監督の『**あの島に行きたい**』や『**美しき青**

釜山国際映画祭の会場で、『欲望の翼』『暗戀桃花源』などで知られるクリストファー・ドイル撮影監督と

年　全泰壱』（70年代労働運動の中で抗議の焼身自殺をしたチョン・テイルの話）を書いた人。**『グリーンフィッシュ』**は彼のデビュー作だ。

この上映のあと〈グリーンフィッシュ・パーティ〉なる催しがあって、ゲストは誰でも参加できるというので行ってみた。映画祭会場から少し離れた海雲台《ヘウンデ》ビーチまで船で渡り、海岸でのオープン・パーティである。新鮮な刺身をはじめ、パジョン（お好み焼き）、トック（餅）、おでん、おかゆ、果物、ケーキまで食べ放題、お酒もソジュ（焼酎）、メクチュ（麦酒＝ビール）、マッコリなど飲み放題。今夜は満月、どうぞ朝までご自由にやってくださいと、主催者のプロデューサーは太っ腹だ。途中から北野監督、キアロスタミ監督、それにキム・ギヨンとイム・グォンテクという韓国の両巨匠も参加してすごい盛り上がり。釜山市長や映画祭ディレクター、キム・ドンホ氏も来た。同じ時間に日本領事館のパーティも開催されていたのだけど、こっちへ来て正解。帰りたい人のために、11時半にバスがでて南浦洞《ナンポドン》の釜山ホテル（映画祭のメインオフィス）まで送ってくれるというので、それに乗って帰宿。楽しいけど、寒くて朝まで我慢できなかった。

韓国映画の続き。**『悪い映画』**（公開タイトル**『バッド・ムービー』**）という題の作品は中堅のチャン・ソヌ監督作品。彼は1作ごとに野心的な試みをする。今回は脚本なし、編集なし（だから悪い映画と名付けた）とうたっている。ソウルのストリートキッズたちにカメラを渡し、自由に撮らせたというセミ・ドキュメンタリー。彼らの内面に近づくひとつのスタイルなのかも知れない。とても生々しい映画である。私はふと**『バウンスkoGALS』**を思い出した。手法は違うけど、世界中に都会ではぐれている子がいる現実はクロスする。この映画は、優れた韓国映画に与えるＮＥＴＰＡＣ賞をもらった。残りの作品を急いで紹介しよう。

『**ディープ・ブルー**』はカン・スヨン（『**シバジ**』）主演、女ひとり男ふたりのよくあるトライアングルラブ。『**トリオ**』も男ふたり女ひとりのロード・ムービー。2枚目イ・ギョンヨン（『**九老アリラン**』）が中年ブヨのミッキー・ロークふうになっていてショック。ハン・ソッキュと並ぶ若手人気スター、チョ・ジェヒョン（『**永遠なる帝国**』）が青年時代を演じるトリロジー『**わが人生に響く風よ**』は、タイトル通り風を感じる映像詩。ナレーションのハングルの韻律も耳に心地良い。チョン・スイル監督。

個人的にいちばん魅かれたのは『**バリケード**』。アメリカの夢破れて帰国した父を持つ主人公は、バングラデシュの出稼ぎ青年たちと一緒にクリーニング屋で働いている。世界中の人が糧を求め異なる文化圏に移住する現実には、目に見えぬ無数のバリケードがある。切実な痛みを伴って描かれた青春映画。他の韓国映画に見られぬインターナショナルな視座が好きだ。ユン・イノ監督。

1986年の民主化運動をとらえたドキュメンタリー『**明洞教会の6日間の闘い**』（キム・ドンウォン監督）。韓国の自主製作映画（独立映画という）もがんばっている。彼らは映画の検閲廃止を訴えてデモンストレーションもしていた。取り締まりは全然なし。ボランティアの人々が支えている〈釜山国際映画祭〉のホスピタリティの気持ちよさ。どうやら、やみつきになりそう。

シネフロント　1997年11月号

1998

珍しくなくなった女性監督作品

いま世界中で映画祭の開かれていない日はないといわれる。さまざまなテーマをかかげた国際映画祭は、人と人、作品との出会いの場であり、交流と相互理解の場になる。

さて私は、9月に開かれたふたつの国際映画祭に参加した。名古屋で開かれた〈あいち国際女性映画祭1998〉と韓国・釜山《プサン》での〈第3回釜山国際映画祭〉である。前者は女性監督作品中心に20本、後者はアジア作品を中心に200本上映と、規模もコンセプトも違うがそれぞれにステキな映画を見ることができて楽しい時を過ごした。意気軒昂な女性監督たちの作品をメインに紹介しよう。

〈あいち国際女性映画祭〉ではロシアのリディア・ボブロヴァ監督『**遥か遠くで**』、イギリスのビーバン・キドロン監督『**輝きの海／スウェプト・フロム・ザ・シー**』が印象に残った。都会からも、物質文明から遠く離れたロシアの辺境に暮らす人々の営為をドキュメンタリーのようにとらえた『**遥か遠くで**』は、登場人物たちの存在感に圧倒される。聞けば、男たちは全員しろうと、女たちはプロの俳優だという。この映画を見れば、どんな困難な状況であってもサバイバルできるロシアの人々の強さが納得できるというもの。しかし、生きる意欲を失いアルコールにおぼれ命を落とす人もいる。監督はどちらにも温かいまなざしを注いでいるのだ。

ジョセフ・コンラッド原作を映画化した『**輝きの海**』は、『**日蔭のふたり**』などと同じく、周囲から冷たくあしらわれても自分たちの愛を貫くヒロインとヒーローが魅力だ。

釜山では女性監督のドキュメンタリーが収穫だった。韓国のホン・ヒョンスク監督『**本名宣言**』[*]は、在日コリアン3世で尼崎の高校に通う生徒たちが文化祭で、自分はこれから日本の通名をやめ本名を名乗ると宣言するまでを追った。ホン監督は、在日コリアンがなぜ本名では生きづらいのか、その歴史からたどり現実の高校生たちの生の声を取材した。ホームルームやクラブでの話し合いの中で本名宣言を決意する子もいれば日本名でいくと言う子もいるのをそのまま撮っている。先生（日本人）は「韓国人としての誇りはないのか」と強制するような口調でいい、生徒は「強制する権利はないと思う。自分で決めればいいのと違うか」と反論するところもある。いずれにせよ、己のアイデンティティを考えることなしには生きられない〈在日コリアン〉の存在について、私も、そして会場にいた若い韓国人観客たちも、あらためて意識させられた。

上映終了後、映画に出ていたイ・ジュンチ君が監督とともにスクリーンの前に姿を表わした。彼の朴訥な挨拶が人柄をしのばせ、彼がバイオリンで「鳳仙花」を奏でると場内でハミングする人の声がしだいに大きく響いていった。この瞬間に立ち会うことができたのは幸運という他ない。おまけにジュンチ君とお父さんは私たちと同じホテルに宿泊していたので、翌日彼らが親戚の人たちとロビーで語らっている楽しい光景を目撃した。お父さんの話では、日本でどのような上映をするか未定とのこと。日本でもたくさんの人に見てもらいたい、ディスカッションできる良い映画だと思う。

もう1本、アメリカのジュリア・ロクテフ監督『**モーメント・オブ・インパクト**』もすばらしいドキュメンタリーだ。1989年、監督の実父が交通事故に遭い、ほとんど全身の機能がマヒ状態になってからのリハビリの記録である。何年もかかってほんの少しずつながら手が動き、声が出る。ずっと世話をしてきた母の肉声もまじえながら、プライベート・フィルムにならずにパブリックな作品として完成させた手腕はたいしたもの。「家族を撮る困難は？」という問いに、「これは自然なことでまったく困難はありませんでした」と答えるロクテフ監督。

釜山ではもちろん女性監督作品ばかり見たわけではない。新作韓国映画の特集では、なんとアン・ソンギ主演が4本もあった。**『異邦人』『故郷の春』『退魔録』『寝室と法廷』**。日本映画**『眠る男』**の撮影でしばらく本国から離れていた遅れを取り戻そうということだろうか。相変わらず、シリアス、ホラー、コメディなんでもござれ、八面六臂の大活躍だ。また今年の特集のひとつは〈在外コリアン〉監督作品というもので、**『君は裸足の神を見たか』**のキム・スギル（金秀吉）監督が大阪から来ていた。彼は今村昌平監督が作った横浜映画学校（現日本映画大学）の卒業生だ。今回今村監督の**『カンゾー先生』**出品が話題だったが、今村監督がたくさんの弟子を育てた功績もちゃんと紹介され、インフォメーションがいきとどいていると感心した。

大阪民主新報　1998年10月28日

＊『本名宣言』の釜山国際映画祭上映後、ヤン・ヨンヒ監督は自作『揺れる心』の盗用を訴えたが、うやむやにされ、2020年改めて著作権侵害で問題提起し、両作品を比較上映して、盗用・剽窃が認められた。詳しくはヤン監督のブログを読んでほしい。

1998

日韓映画交流はまだこれから

10月中旬から11月初旬にかけて釜山《プサン》（韓国）、山形、東京と国際映画祭が続いた。このうち、釜山と東京に参加したので、〈映画の日韓交流〉という点から報告したい。

釜山は今年が4回目。去年までは日本映画が全面的に開放されていない状況で、映画祭が唯一日本映画を見られる場所として人気を博していたのだが、今年も映画祭における日本映画の人気は衰えていなかった。しかし、私はこの人気を喜ぶ気持ちにはなれない。というのも、こんな体験をしたからである。

映画祭会場に設けられたイベント広場でのこと。日本の若手監督T氏が韓国の映画ファンからの熱心な質問に答えていた。映画の内容に関する質問にはてきぱきと答えたT氏であるが、「韓国映画についての感想」を聞かれて答えに窮してしまったのだ。そして「日本ではあまり上映されていないので見ていない」と言った。

この返答は間違っている。少なくとも日本で正式公開された韓国映画は20本ほどあるし、ビデオにもなっている。自分が見ていないことを不勉強とか不明とかいうならまだしも、公開されていないような言い方でごまかしたのはよくないと思う。彼は何度も招待されているのだから、何本かの韓国映画を見て来るのが礼儀というものだろう。会場のファンたちががっかりしている雰囲気が見てとれた。

またT氏は、「自分も戦後生まれだし、お互いに過去にとらわれず交流したい」というふうな発言もした。これもまた私を困惑させた。韓国の人がそういってくれるなら、私たちも素直に喜ぼう。しかし日本人の方は〈過去〉を忘れてはいけないのである。本当に相互の交流がもっともっと増えてほしい。そのためにも、監督は文化人を代表する立場にいるという自覚をもってほしい。国際的な活躍をしている人だから、あえて苦言を呈したいと思う。それでも韓国の映画ファンは彼の新作に観客賞を贈った。

韓国側からの熱いラブコールに日本側が冷めた対応をしているばかりではないことを、今度は東京で味わった。釜山で初上映されたパク・ジョンウォン監督の『**虹鱒**』が東京にも出品されていた。この作品は『**われらの歪んだ英雄**』『**永遠なる帝国**』などで、状況に合わせて変化する人間の多面性を鋭くついたパク監督の5年ぶりの新作で、都会人が山奥の閉ざされた世界の中で平静心を失っていく様を描いた心理的サスペンスである。上映後のティーチインは釜山に負けず東京でも盛り上がっていた。5年前『**永遠なる帝国**』が来たときには見られなかった熱気にあふれていた。日本における韓国映画ファンの裾野が広がっていることをうれしく思う。日韓の映画交流はこれからが本番だ。

大阪民主新報　1998年10月18日

1998

『フルスタリョフ、車を！』との出会い

〈第11回東京国際映画祭〉は10月31日から11月8日まで渋谷地区で開かれた。例年より予算規模が1億円も縮小され、インターナショナル・コンペとヤングシネマ・コンペが一本化、賞金額も減った。しかしながら協賛企画の〈イギリス映画祭〉や、黒澤明監督追悼上映などもあり、観客数は前年度を上回った。

私は、映画祭では今後の公開が未定の作品を中心に見ることにしている。今回の目的はロシアのアレクセイ・ゲルマン監督の15年ぶりの新作**『フルスタリョフ、車を！』**を見ることだ。なぜゲルマン作品なのか、話はこの新作が撮影に入った数年前に遡る。ロシア演劇翻訳者の桜井郁子さんと私は、サンクトペテルブルクのレンフィルム・スタジオを訪ね、ゲルマン監督が作っている新作のセットを見せてもらった。監督たちはパリに出かけて留守だったが、スタッフにスターリンやら誰やらの胸像がいっぱいある部屋を見せてもらった。「映画はいつごろ完成しますか」という質問は愚問だった。非常に凝り性の監督で、今も続く資金難がネックとなり、いつ完成するかわからない状況だった。その時に聞いたタイトル**『フルスタリョフ、車を！』**だけはしっかり覚えて帰った。これはスターリンの最期の言葉だといわれている。

そうして待つこと幾春秋、ようやく今年5月の〈カンヌ国際映画祭〉に出品された。おそらくフランス資

本の援助で完成したのだろう。ところが、カンヌでは不評だったというニュース。おそらくこれで私が見るチャンスはないと思った。そこに朗報、〈東京国際映画祭〉がゲルマン監督作品を特集するというではないか。千載一遇とはまさにこのこと。

ゲルマン監督は、1938年レニングラード（現サンクトペテルブルク）生まれ。これまでの監督歴は共同監督をいれてもたった5本しかない寡作家で、しかも『**道中の点検**』（1971年）は1986年まで上映禁止、『**戦争のない20日間**』（1976年）のあと1982年に製作された『**わが友イワン・ラプシン**』は1985年に公開されるなど、たいへん苦難をしいられた人だ。それもあって海外では評価の高い監督である。今回、前3作とともに新作が上映されたことは、この〈東京国際映画祭〉がもっとも誇ってよい企画である。

さて新作上映の前にスクリーン前に登場したゲルマン監督は、しばらく続く拍手を聞きながら無言で立っていた。その迫力たるや、たとえて言えばオーソン・ウェルズ、アルフレッド・ヒッチコックの貫禄を考えてみてほしい。ややあって「この映画はスターリンの死の直前、1953年を描いていますが、同時に今のロシアを描いていることは言うまでもありません」。

ゲルマン監督はあきらかに観客に挑戦している。モノクロ・スタンダードの映像は、難解でありながら激しく強く見るものをひきつけ、退屈するいとまはない。反ユダヤ主義の嵐の中にいた脳外科医で赤軍の将軍でもあった男が、ある日突然逮捕され、凄惨な拷問を受けたかと思えば、急にベリヤに呼び出され、死の床にある男（スターリン）を看取るよう頼まれる、という筋をたどったからといって、この映画の意味がわかったことにはならない。悪夢の体験でありながらリアルであるという世界、しかも現実だと知覚できる恐ろしさを映画化したのだ。忘れることのできない作品だ。

映画祭の楽しみはこのようにゲストの生の姿を見、声を聞けることである。たとえば韓国の『**故郷の春**』を見に行ったときは、インドネシアのスター、クリスティン・ハキムが観客席にいた。この映画の主演はアン・ソンギで、ふたりは日本映画『**眠る男**』で共演している。そしてそこに『**眠る男**』の藤倉博プロデューサーも登場して旧交をあたためる場面を目撃した。ハキムが製作・主演した『**枕の上の葉**』（ガリン・ヌグロホ監督）も出品されている。これはまた神戸の人たちのカンパで完成したこともあり、〈神戸100年映画祭〉にも参加するとハキムは話していた。『**故郷の春**』は朝鮮戦争時、〈アカ〉と疑われた人々の苦しみを子どもの視点で描いたもので、イ・グァンモ監督の家族がモデルだという。監督は「この映画を完成させるのは観客の皆さんです」と含みのある挨拶をした。それはつまり、映画ではまだはっきり描けない部分があるが想像で補ってくれということだろう。

さて観客わずか10人というビデオ・ドキュメンタリーにも作者はやってきた。『**ドナルド・キャメル／アルティメット・パフォーマンス**』は、ニコラス・ローグ監督作品とされている『**パフォーマンス**』という映画の真の監督はドナルド・キャメルであることを証明するドキュメンタリー。この共同作品を製作したあとローグ監督は出世していき、キャメル監督は忘れられていく。そしてキャメル監督は映画の主人公と同じように自殺した。この衝撃的なドキュメンタリーは、生前のキャメルのインタビュー映像が豊富にあったため実現可能だった。上映終了後、たった今空港からかけつけたというケヴィン・マクドナルド*監督が登場し、

『パフォーマンス』という映画を愛するからこそ、キャメル監督を復権させたかったと語った。映画愛を共有できた幸せな瞬間だった。

大阪民主新報　１９９８年12月6日

＊　ケヴィン・マクドナルド監督は、その後、『ラストキング・オブ・スコットランド』『敵こそ我が友～戦犯クラウス・バルビーの3つの人生～』などを撮っている。

1999

香港映画のニューウェイブ〜その20年後

〈第23回香港国際映画祭〉は、3月31日から4月15日まで例年通り香港市の数ヵ所の会場で開かれた。1997年の中国への返還を機に、この歴史ある〈香港国際映画祭〉もどうなるか懸念されたが、まずは順調に引き継がれている。私がはじめてこの映画祭に参加したのは1987年の第11回であるから、すでに12年。アジアでは先発の〈香港国際映画祭〉も、3年前に始まった〈釜山《プサン》国際映画祭〉の勢いに飲まれそうになっている。なぜなら、〈香港国際映画祭〉にはコンペティション部門がなく、それゆえに他の有名国際映画祭（カンヌ、ヴェネチア、ベルリンなど）での出品作・受賞作をピックアップして上映できるというのがメリットだった。しかし映画祭で賞がないのはさびしいというのも事実で、この点でも釜山の華やかさに押され気味だという印象を、ここ3年私も感じている。そのせいかどうか、今年はじめて、国際批評家連盟賞〈ＦＩＰＲＥＳＣＩ〉を設定し、アジア映画の新人監督を顕彰することになった。この賞は各国の映画祭で公式の審査員とは別に、批評家連盟に加盟している映画評論家の中から選ばれたメンバーが独自の賞を与えるもので、しばしばオフィシャルな受賞作品と違う映画に与えられる。香港はオフィシャル・コンペそのものがないので、今回の〈ＦＩＰＲＥＳＣＩ〉が唯一の選考である。佐藤忠男氏ら数人の審査員が対象作品を見て選ぶ。その結果、インドの『**旅**』（サントーシュ・シヴァン監督）と香港の『**阿英**』（ユー・リクウァイ監督）が受賞作品となった。残念ながら私は見ていない。対象作品には、日本の矢口史靖監督『**アドレナリンドライブ**』（1998年夏公開）、森達也監督『**A**』、川崎博嗣監督『**スプリガン**』、また香港の『**アンナ・マデリーナ**』などがあがっていた。

さて、いつも話題になるのは、さまざまな特集上映である。今回は〈香港映画のニューウェイブ〜その20年後〉と題する回顧展が貴重な催しだった。現在活躍するアン・ホイ、イム・ホー監督らは、20年前テレビの演出から出発し、映画界に新潮流をもたらした。その軌跡をたどる作品などが発掘され上映されたのである。

監督にフォーカスを当てた特集で選ばれたのは、ギリシャのテオ・アンゲロプロス、香港のジョニー・トゥー、日本の羽田澄子、黒沢清、アメリカのクリスティン・チョイ、ブラジルのヴァルテル・サレス（『**セントラル・ステーション**』）。羽田、チョイ両監督はともに女性でドキュメンタリスト。ここの映画祭は昔から女性監督作品を積極的に取り上げている。過去12年間の間に印象的だったのは、亡くなったばかりだったソ連のラリーサ・シェピチコ監督、夫ジャック・ドゥミとともに来港したアニエス・ヴァルダ監督、ドイツから来たヘルケ・ザンダー監督らの作品を、いち早く見られたことだった。

今回はアメリカのタマラ・ジェンキンス監督『**ビバリーヒルズのスラム街**』、ドイツのパトリス・トイ監督『**ロージー**』が面白かった。前者はティーンの女の子のセクシュアリティをコミカルに、後者は同じ10代ながら自立を余儀なくされている少女の感性を鮮やかに切り取り、女性が監督する意義を伝えてくれた。余談ながら、去年〈あいち国際女性映画祭〉報告でふれたロシアの『**遥か遠くで**』（リディア・ボブロヴァ監督）が、その後釜山でも上映され、ここ香港でも取り上げられているのはうれしいかぎりだ。このように世界の映画祭を回っていく作品は幸せである。

最後に、香港作品ではなく、中国のドキュメンタリー２本を紹介しておきたい。これらは中国の普通の人々の姿を誠実にとらえた作品として、私が胸を打たれたものである。『**河は流れず**』（ジアン・ユエ監督、〈山形国際ドキュメンタリー映画祭〉上映タイトル『**停められた河**』）は、長江・三峡ダム建設現場で働く人たちの肉声を聞かせてくれる。そこで知り合い結婚したカップル。さまざまな人間関係。会議での発言と表情。被写体とスタッフの信頼があってこその自然な姿が映し出される。見る測の問題意識でいろんな解釈を呼び起こす映像である。環境破壊はいけないと言うだけでは解決しない諸々。

『**海底に沈んだ船**』（ドゥアン・ジンチャン監督、〈山形国際ドキュメンタリー映画祭〉上映タイトル『**沈んだ財宝**』）は、１００年ほど前の日清戦争時に轟沈させたという日本船を引き上げるという話である。中国の愛国心をもっと高めようという企画だったが、海底から出てきたのは船の破片ばかり。それでもそれらを博物館に飾り、イベントして村おこししようとする人々の涙ぐましい努力が伝えられる。本人はまじめでも私たちには苦笑もの。しかしここにも観察鋭く見れば、中国社会の矛盾が透けてみえる。作者はそこを観客が読み解いてくれることを期待しているのだろう。

大阪民主新報　１９９９年５月９日

ロシアの夏

1999年8月、4年ぶりにロシアに行った。サンクトペテルブルクとモスクワで8日間の短い旅である。同行者18名の手作りツアーだ。モスクワ音楽院に留学中のお嬢さんを訪ねるI先生を中心に友人・知人の輪で組んだグループである。メンバーの希望で、老人施設や学校訪問もあった。

まずサンクトペテルブルクへ。ピョートル1世がヨーロッパ風に造った都市だ。エルミタージュ宮殿（現在は美術館）をはじめとする建築物、寺院、広場、歴史がそのまま保たれている。新しいビルも他と調和するように規制されているのか違和感がない。外観はそのままに中だけリニューアルした建物が多い。コカコーラやマクドナルドのマークがなければ19世紀だ。ネフスキー大通りの横断幕（かっては赤地に白でスローガンが掲げられていた）はレストランなどの広告に代わり、カジノやストリップ（男性のもあり）の看板も出ている。映画館では『**スターウォーズ**』上映中というわけで、西側文化が大手を振って御開帳。ファッショナブルな人々が歩いている一方、地下道への入り口には、自分で作ったショール、レースを売るおばさん、犬、猫、ヘビ、カメを売る男たち、タバコ、花、果物、いろんなものを売る人々が並ぶ。売るものがない人は手を出して「お恵みを」と言う。

ロシア正教の復活はめざましく、どの寺院も金ピカに改修され、ミサが行われている。美しい聖堂のまわりに貧しき人々の群れが手を伸ばして立っている。寺院に寄付する人は多いが、施しをする人は少ない〈あとでモスクワのトレチャコフ美術館に行ったとき、革命前の画家が描いた〈ふんぞり返る地主や聖職者とボロをまとった小作農や農奴の絵〉を見て同じ光景だと思った。この国にもう一度革命が起こっても私は驚かない〉。

全日程に添乗員としてついてくれたワロージャさんは55歳のベテラン〈退役軍人〉。酸いも甘いも知りつくした彼は自分の意志でいくばくかの小銭をそこここで与えるのだった。私が〈施し〉という行為を気恥ずかしく思いためらっている間にも、ワロージャさんは自然なふるまいとして老人たちの手にコインを握らせる。誰にでもできることではない。ワロージャさんの高潔な精神は、ソ連が崩壊しようがしまいが関係ないのだ。これは人間の質の問題だ。いたく私の琴線に触れるものがあり、彼のような人に付き添ってもらえた幸運を喜んだ。

サンクトペテルブルクのたたずまいは人を落ちついた気持ちにさせてくれる。ただ歩くだけでいい。通りを曲がれば運河に架かる橋があり、たどっていけばネヴァ河に出る。この町の人々は、モスクワは田舎だと言うそうである。サンクトペテルブルクでヨーロピアンブレンド・ロシアンテイストになじんだころ、夜行列車〈赤い矢号〉でモスクワに移動する。出発前の時間をフィンランド湾で過ごす。端はヘルシンキである。夜の9時ごろでも夕日が海を照らしている。

サンクトペテルブルクでゆっくりした分、モスクワのスケジュールはあわただしい。フリータイムの半日、何人かを誘ってトレチャコフ美術館に行く。もちろんエルミタージュもプーシキンもすばらしい美術館ではあるけれど、ロシアに来たのならロシア画家の作品をぜひ見たい。幸いワロージャさんが一緒に来てくれて絵の背景を解説してくれ、大いに助かった。ルブリョフをはじめとするイコンや宗教画は、聖書になじまぬ当方としては、やはり教養不足だもの。私自身は数年前にも来ているのだけど、こんなに宗教をテーマにした絵が多いと気づかなかった。とりわけゲーという画家の、ゲッセマネのキリストを描いた作品にショックを受けた。ほとんど真っ黒な画面に自分の運命を知ったキリストが描かれている（かって「ソ連所蔵名品百選展」が東京・京都で開かれ、ゲーの「ゴルゴタの丘」が出品されたことを、帰ってからの資料で見つけた）。

　ここで一句。

サンクトペテルブルクの映画館「バリカーダ」

旧ザゴルスク／セルギエフ・ポサードにて

漆黒のキリスト描きし
ゲーという
ロシアの画家を知った夏の日

聖ワシリー寺院のある赤の広場に近いロシアホテルは、かつてモスクワ国際映画祭の会場兼宿舎として何度も泊まったホテル。部屋は前よりきれいになっていたが、相変わらず〈鍵おばさん〉が見張っていた。もう1日あったら地下鉄に乗って街をぶらぶらしたかったけど。

セルギエフ・ポサドで絵はがき売りの兄ちゃんにサングラスのひも（ゴム製）がほしいといわれ、絵はがきセット（4ドル）と交換。すごく喜ばれた。バーゲンで100円で買ったものだし、だいぶ汚れていたのだけど。

さて、何が変わったかというと、レストランとカフェが増え、料理がおいしくなり、トイレがきれいになったことかなと思う。これは日本からの旅行者には快適な条件である。ぜひお試しください。

とても私的なシネマガイド　1999年9月号

2000

〈独立時代〉を前面に出した香港

〈第24回香港国際映画祭〉は、4月12日から27日まで、例年と同じように香港島と九龍《クーロン》半島の両サイドの数ヵ所を会場として約240作品の上映と、いくつかのセミナーを行った。

毎年飽きもせず参加しているが、振り返ってみると、香港と中国の関係に大きな変化があり（1989年6月4日のいわゆる〈天安門事件〉と1997年7月1日の返還）、日本におけるアジア映画の受容が広がったことが印象に残る。

前者について言えば、映画祭のプログラムが少なからず影響を受けた。中国当局の検閲を受けていない独立映画作品が出品されると、本国から公認された映画の出品をキャンセルするといった例があった。返還後もこの映画祭は独自性を保ち、今年も独立映画の方を優先、〈独立時代〉という部門を前面に出した。

後者に関しては、もともとアジアの映画を多く取り上げていくことが本映画祭の主目的でもあり、映画祭上映をきっかけに海外での公開が徐々に広がるという実績を作ったわけである。日本もその例にもれず、アジア各国（イラン、イスラエル、インド、韓国など）の作品が一般公開（正式に輸入・配給される）にこぎつけるケースが増大した。

さらに十年余の歳月は、日本での香港映画公開状況も大いに変貌させた。70年代から80年代にかけてのカンフー映画から、香港ノワールと呼ばれたアクション映画へ、そんなところまでよくやると感嘆させてくれるサービス精神にあふれた香港娯楽映画の数々は、日本映画が失った活気を思いださせてくれたのである。90年代になってからのウォン・カーウァイ監督作品の世界的ブームは、スターが主演するアート作品として日本の若者に迎えられ〈おしゃれな香港映画〉という認識を植え付けることに成功した。

〈香港国際映画祭〉はアジアにおける国際映画祭の老舗である。カンヌ、ヴェネチア、ベルリンといった映画祭とは違ってコンペティションはなく、香港市民が日ごろ見るチャンスの少ないヨーロッパ系のアートシネマと、アジア各国の作品を上映する場である。したがって字幕は基本的に英語で入ったものが上映される。でも中国語字幕のあるものの方が地元の人々には人気が高い。もともと香港映画には中国語字幕と英語字幕の両方が付けられているのが普通である。北京語（普通話《プートンファ》）と広東語は発音がまったく違う。広東語の漢字はあとから当てはめたものだと聞いた。だから中国語の字幕は広東語のわからない北京語の人（台湾の人も含む）のためだとか。日本の字幕に比べ分量が多く、英語字幕を読むかぎりしゃべった通りの字幕が出てくる。とても全部読みきれない。しかし中英並ぶとわかる言葉もある。たとえば〈I know〉と一緒に〈我知道〉と出るから、〈I know〉＝〈我知道〉と覚える。しかし何と発音してるのか、広東語は聞き取りできないけどね。

余談ながら、私が知ってる広東語のボキャブラリーは〈ンゴイ〉（どうも）、〈トーチェ〉（ありがとう）、〈マイタン〉（お勘定）、〈チーソー〉（トイレ）、〈ホーア〉（おいしい）、〈ツォーサン〉（おはよう）、〈ハイ〉（はい）

といった程度から全然進歩していない。まあ漢字と英語の併記で感じがつかめるというのが、わかった気にさせてくれるのである。

映画祭の上映作品の中に、前年に公開されためぼしい香港映画が入っており、これは中英併記の字幕（公開時のまま）なので、海外からのゲストに自国の映画を見せるというショーケースになっている。この努力がのちのち香港映画の海外進出につながった。

香港の観客と一緒に見ていると、彼らの反応がよくわかって楽しい。基本的に笑える映画が好きで、リアクションも大きい。日本の超まじめでユーモアのかけらもない映画なんか人気はないぞ。ヨーロッパの難解な映画も実はあんまり受けない（担当者の努力にもかかわらず）。

わりと深刻なストーリーで、女の子ふたりの会話。タイトル不詳（忘れた）。

「この水着、安ものよ」

「香港製？」

とたんに場内大爆笑。きっと観客は笑える場面を待っていたのね。

香港でミニシアター上映ながら1年以上ロングランした日本映画があるのをご存じだろうか（NHKでニュースになった）。**『木村家の人々』**（滝田洋二郎監督）だ。ちまちまと小銭を貯め込む一家の話で、香港でのタイトルは**『円ファミリー』**である。お金に敏感な香港市民に受けたのだ。湾仔《ワンチャイ》にあるこのミニシアターは香港には数少ない（今は少し増えた）アート系の劇場で、ヨーロッパやアジアの作品をかけている。たしか**『シコふんじゃった。』**も上映された。ね、好みがわかるでしょ。

1997年の返還はしかし、香港の一般観光客を激減させた。ブランドショッピングが目的の客は、民主化が進む韓国（ソウル、釜山《プサン》）の方が近い・安い・安全、と行く先を変更したのである。返還前にホテルなどが日本人には高額料金を設定していたことがわかったりしたのもマイナス材料だった。2000年の今は、日本人観光客を呼び戻すべく努力していることがありありと見える。日本語メニューも出すところが増え、高級茶室でさえ、にこやかに〈いちげんさん〉を歓迎してくれる。半年前にあった店がないなんてしょっちゅうで、皆生き残りに必死なのだ。

10年前と比べると諸物価の変遷（値上がりが多いが、円とのレートで安くなったものもある）が見える。香港島（セントラル）と九龍半島をつなぐスターフェリーは下層1・7ドル、上層2・2ドル。これはそんなに昔と変わらないが、下層はおつりが出ない（係の人がいるとくれる）ので、スーパーで買い物をしては小銭を貯めたものだ。

トラム（2階建て路面電車）は香港島サイドしか走っていないが、これがいちばん香港に来たことを実感する乗り物。0・6ドルから徐々に値上がりして今は2ドル（小銭がいらなくなったけど）。でもどこまで乗っても均一料金。時間に余裕のある時はトラムにかぎる。

急ぐときは地下鉄だがひと駅4ドル、セントラル・チムサッチョイ間は海底トンネルを越えるので9ドルと高い。フェリーとトラムを足しても2・7ドルだぞ、と思ってしまう。でも夜おそいとフェリーは運航していないので、やむなく地下鉄を利用する。映画祭の最終回が終わると、しばしば12時前だったりするのだ。

映画祭で映画を見るのが目的だったら、ホテルは交通の便のいいところがベストだ。

映画祭の会場は、九龍サイドがカルチャーセンター（文化中心）、スペース・ミュージアム（太空館）、サイエンス・ミュージアム（科学博物館）、香港サイドがシティホール（市大會堂）、アートセンター（芸術中心）と、スターフェリーで往来できる場所がメインなので、会場から会場への移動は30分あれば可能という感じ。映画の上映と上映の間隔は2時間15分が基本で、1時間45分までの映画なら次へは楽勝だが、2時間以上の映画の場合は、離れた場所には移動が間に合わない。そこで、なるべく同じ会場の映画を見ることになる。カルチャーセンターとスペース・ミュージアムは隣り合っているので2分で移動できる。

いずれにせよ、ホテルはスターフェリー乗り場の近くが、時間とお金の節約になる。

あんまり安いツアーで行くと、ホテルが会場から離れた新界《サンガイ》エリアだったり、免税店まわりに付き合わされたりするから、映画祭を楽しみたい人は、ホテルと航空会社が選べて、観光・食事などついていないフリータイムのツアーを探すのがいいと思う。

さて映画祭の話に戻そう。今年の特集は〈国境を越えた香港映画〉であったが、時間の関係で、私はもうひとつの目玉〈オタール・イオセリアーニ監督特集〉の方にかけつけた。

旧ソ連のグルジア出身で80年代にフランスに移ったイオセリアーニ監督のユニークな作品群は、1本より2本、2本より3本と数を重ねるほどに味がわかる。実は去年秋の〈東京国際映画祭〉で最新作『**さらば、わが家**』（公開タイトル『**素敵な歌と舟はゆく**』）を見ていた私は、来日もしたこの監督が「私の映画はセリフは重要ではありません。言葉の意味より音として聴けばいいんです」と挨拶したのに意を強くしていた。彼の映画なら字幕（英語または中国語）が読めなくても大丈夫である（5月末に東京のアテネ・フランセ文化センターで同種の特集がある。日本公開時のタイトルにはそれを使うことにする）。

『月の寵児たち』（1984年）は、移住後はじめてフランス語で撮った作品。革命前のフランスで描かれた裸婦の絵がたどる数奇な運命（?）というか、その絵を狂言回しとして時代と人々の移り変わりを見せるもの。**『蝶採り』**（1992年）は、城の住人が死に、ロシアに住む老婦人が相続した結果、城は日本人に買い取られてしまうという風刺劇。**『群盗、第7章』**（1996年）は、中世から帝政末期、スターリン時代、現代の架空の歴史を同じ俳優によって別人を演じさせることで、戦争の愚行を繰り返す様を見つめる作品。**『さらば、わが家』**（1999年）は、パリ郊外に住むグルジア人一家のそれぞれ勝手な生き方を描くもの。

すべての作品に共通するのは、主人公のいない群像劇であり、俳優はスターを使わないことであり、カメラは決して人物に寄りすぎない（クローズ・アップなし）というスタイルだ。誰にも感情移入させない描き方は観客の想像力を信頼しているからである。

たとえば、戦場の悲惨さをこれでもかという映

イオセリアーニ監督特集のパネル。こんなカラーコピーの展示しかなかった

像で強調するのでなく、銃撃戦のすぐそばで人が食事をしているという場面を描くやり方がイオセリアーニ流である。私はイソップの「北風と太陽」の寓話を思い出す。また、国境や体制という枠をこえ、勝手なまのようでおのずからのルールにしたがって生きている人々を描くイオセリアーニの過激さこそ、真のアナーキズムではないかと思うのである。一人ひとりが違う旋律を奏でながら調和を生み出す合唱の場面がしばしば登場するのが象徴的だ。

大阪民主新報　2000年5月21日

2000

遠慮のない観客の反応

歴史的な南北首脳会談、シドニー・オリンピックでの統一代表団入場、そしてキム・デジュン（金大中）大統領のノーベル平和賞受賞まで、韓国・朝鮮をめぐる話題がつきない2000年である。

今年第5回を迎えた〈釜山《プサン》国際映画祭〉は、よりいっそう活気にあふれ、参加したことがこのうえなくうれしい映画祭だ。

第一にどこよりもホスピタリティに満ちた映画祭である。多数のボランティア（ほんど若い学生）は、応募者10倍の難関を突破して選ばれた人たちで、礼儀正しく親切である。日本からの取材者や招待客も増えているので、日本語通訳者もたくさんそろっている。釜山のみならず、ソウルからもボランティア参加者が大挙してやってきているとのこと。また映画関係の仕事をめざす学生たちは、映画祭参加のレポートを書くためにコンドミニアムを借りて自炊しながら映画を見ているそうである。さらには国体の開催も重なって、釜山のホテルはどこも満員。東京～釜山のフライトがとれず関空から来た人や、ソウル経由でセマウル号で釜山に来たという映画関係者もいた。私たちが泊まったおんぼろホテルのオンドル部屋も枕・シーツ・タオルが足りない！　でも、そんなことはケンチャナヨ（気にしない）。それ以上の収穫があったのだから。

第二にすばらしいのは上映作品の充実度である。文字通り世界初のワールド・プレミア、カンヌ・ベルリン・ヴェネチア受賞作などを集めたアジア・プレミア、そして、海外初公開を意味するインターナショナル・プレミア作品がめじろ押し。つまり釜山に来れば、わざわざヨーロッパの映画祭に出かけなくても目ぼしい映画を見られるということである。当然アジア映画に重点を置いているが、〈ワールド・シネマ〉部門では東欧旧社会主義諸国の作品も多く取り上げられている。ほとんど商業ベースでの公開はなさそうな映画だから、貴重な上映の機会なのだ。

第三は、釜山プロモーションプラン（ＰＰＰ）を開催し、アジアの若い才能に新作を撮るチャンスを与える事業を継続していることである。ここで企画を出して援助を募り、その成果が次回映画祭でのお披露目となった作品を産み出している。フルーツ・チャン**『リトル・チュン』**や、ジャ・ジャンクー（賈樟柯）の**『駅舎』**（公開タイトル**『ステーション』**）などがそうだ。

さて、釜山にかぎらず、国際映画祭で映画を見ることの効用は、さまざまな民族が観客として一堂に会するオーラを実感できることだと思う。今回それは中国映画**『鬼子来了』**（チアン・ウェン／姜文監督、公開タイトル**『鬼が来た！』**）を見たとき、強く感じたことである。この作品は、既に伝えられているように、日本侵略下の中国の農村で、捕らえられた日本兵と中国農民たちとの意思疎通が徐々に可能になっていく様子を描いたものである。善悪のパターンに分けない人間描写が面白く、２時間40分あきさせない。

大多数が韓国の観客で占められた会場では、双方のコミュニケーション・ギャップが生み出すブラック・ユーモアに観客のどよめきが反響した。もしこの映画を日本人と中国人だけが見ていたら、こんな遠慮のない反応は出なかったであろう。まさに国際映画祭ならではの体験をした。

〈コリアン・パノラマ〉部門で見たペ・チャンホ監督の『**情**』は、1980年代に『**鯨とり**』『**ディープ・ブルー・ナイト**』などを放ったベテランの健在を示してくれる。1920年代、16歳で10歳の男と結婚させられた女性の半生を描く作品だ。この種の過去の作品ではヒロインが耐え忍ぶ姿が強調されたものであるが、本作品では逆境にあっても前向きに、そして自分より不幸な人に献身的な愛情を捧げる崇高な女性像として描かれる。

いちばん驚いたのは、日帝時代の抑圧は自明のこととして完全にはずしていることだった。おそらく、韓国の人も〈これでもか〉という描写にはあきあきしているのであろう。そして対日感情の変化も当然考慮されているだろう。だからといって日本が免罪されたということではないが、お互いの未来に向けての関係をいいものにしたいと願う〈情〉のなせるわざではないだろうか。

韓国での日本映画解禁に呼応して（釜山の映画館では『**シコふんじゃった。**』の看板がかかっていた）、日本でも韓国映画に対する関心は高まっていると思うが、日本公開される作品がハリウッド志向の娯楽作品（『**シュ**

韓国版『シコふんじゃった。』の看板

リ』や『カル』）に偏りがちな傾向は残念だ。この『情』のような作品があることをぜひ日本にも伝えたい。
ドキュメンタリーでは、現代《ヒョンデ》グループの労働者が会社を相手に450日の闘争を闘った記録『人間の時間』（テ・ジュンシク監督）に感銘を受けた。作家と労働者たちの間の信頼関係がこのような映画を成立させる。韓国の民主化は、もはや日本より進んでいるのではないか。

大阪民主新報　2000年11月5日

2001

香港フィルムアーカイヴがオープン

〈第25回香港国際映画祭〉（4月6日〜21日）に行ってきた。25回といえば4半世紀、それを記念してスターの切手なども売り出された。香港の映画人300人が集まるパーティが開かれ、ハリウッドで活躍中のチョウ・ユンファも帰ってきた。

中国返還後、香港映画産業の重要性が見直され、さらなる発展を願うという中国政府筋のアピールもあり、懸念された検閲による言論統制の心配はいらないという。イギリス植民地時代に劣らず、映画祭を続けていくことは、中国にとっても、プラス材料だという認識であろう。

今年の映画祭では、新しくオープンした西湾河《サイワンホー》の香港フィルムアーカイヴも会場のひとつとして使用され、主に30年代の中国映画が上映された。サイレント作品にはピアノの生演奏付き

第25回香港国際映画祭

というぜいたくなプログラムもあったのである。また、ここでの入場料は他より安い。

特集としては俳優トニー・レオンに焦点があてられ、今や国際的な活躍をする2枚目スターの若き日の姿がスクリーンによみがえり、感動した。彼は『**悲情城市**』で台湾のホウ・シャオシェン監督に抜擢され、〈ヴェネチア映画祭〉でヨーロッパの観客に紹介され、フランス在住ベトナム人監督の『**シクロ**』にも出演、また香港ではコメディからシリアスなもの、アクション映画まで幅広い演技力を披露できる俳優である。チョウ・ユンファについでハリウッド進出かと思いきや、彼は自分の文化的アイデンティティを大事にしたいと考えているそうだ。「ハリウッド映画も必要だが、そうじゃない映画も必要だ」としている所以でもある。

新作で日本でも公開中の『**花様年華**』では、成熟した大人の男性の魅力を見せ、〈カンヌ国際映画祭〉主演男優賞を受賞した。ついでながら、大阪公開初日に来阪した彼の記者会見にも顔を出したが、素顔の彼は少年のようなかわいらしさの持ち主であった。

例年のように、映画祭事務局からIDカードをもらって、会場をはしごし、映画三昧の日を過ごす。といっても1日4本が限度。そこで自分なりにテーマを絞って作品を選ぶ。特集のひとつ〈新世紀の女性たち〉では日本から『**顔**』(阪本順治監督)、『**アカシアの道**』(松岡錠司監督)が出品されている。香港の女性監督キャロル・ライ『**玻璃少女／グラス・ティアーズ**』(公開タイトル『**金魚のしずく**』)は、どう生きたらよいか悩む少女のデリケートな感情をドキュメンタリータッチでとらえた作品で、思春期のゆらめきはどの国も似たようなものかと思う。が、元気になる要素がない。こんな映画ばかりだったら〈新世紀女性〉はしんどいぞ。このカテゴリーに入っていないが、アメリカの『**ベティ・サイズモア**』や『**東京ゴミ女**』(広木隆一監督）なんかの方がよっぽど元気が出るし、〈新世紀女性〉にふさわしかったのにと思う。

監督の特集はフランスのジャン＝ジャック・ベネックスと、ラウル・ルイス。後者は日本では**『見出され し時』**がやっと一般公開されただけの監督だが、チリから亡命してフランスで活躍するベテラン監督だ。

今回、自分の見た映画はさほどすばらしいものがなかったのだが、ケン・ローチ監督の新作**『パンとバラ』**（公開タイトル**『ブレッド＆ローズ』**）には感動した。アメリカで働くヒスパニックの労働者たちが、会社と闘うというストレートなテーマを持ったいかにもケン・ローチらしい作品。労働者たちのスローガンが「われわれはパンも必要だが、それだけではなくバラも欲しいのだ」というもので、タイトルはそこから来ている。つまり人間らしく生きるための闘いをしているということだ。ゲスト来場なしにもかかわらず2000人の会場を埋めた観客からあたたかい拍手が出た。こういう体験が映画祭の醍醐味である。

大阪民主新報　2001年5月13日

2001

9・11直後に開催の臨場感

〈山形国際ドキュメンタリー映画祭2001〉は10月3日から9日まで、山形市内の5会場で長短あわせて170本上映された。隔年開催で今年7回目を迎え、ドキュメンタリーの映画祭としては質量ともに優れた内容の映画祭として内外に知られている。1995年以来久しぶりに参加した私は、この映画祭の持ついくつかの特色について感じるところが多かった。

映画好きの仲間が数人集まって、大阪から3泊4日で山形へ。現地に着くと、某ミニ・シアターの支配人をはじめ、大阪から乗り込んだ人々とたくさん遭遇する。情報を交換しつつ、それぞれが見たいプログラムの会場に散っていく。メインプログラムは長編のコンペティション15本と、アジア千波万波の18プロ40本（これはほぼ2時間以内になるように組み合わされた番組構成）。この他、亀井文夫監督特集、審査員の作品上映、日本パノラマ、ロバート・クレイマー特集などなど。いずれも魅力たっぷりだが、体はひとつ、見たい作品がかち合ったときは、断腸の思いで究極の選択をするしかない。たとえば、今回もっとも好評だった『**クレイジー**』（エディ・ホニグマン監督／コンペ）の上映と、私が個人的に絶対はずせないとチェックしていた韓国の『**空色の故郷**』（キム・ソヨン監督／アジア）が重なっていた。こんなときは友人たちに「『**クレイジー**』を見てきてね」と頼んで、あとで感想をもらうしかない。案の定『**クレイジー**』はすばらしいと皆が言う。悔しいけどこっちの『**空色の故郷**』もとてもよかったのだ。『**クレイジー**』は、国連軍兵士たちの戦地での回想を印象に残った音楽と合わせて語られる作品で、この監督は前回も『**アンダーグラウンド・オーケストラ**』、1995年には『**メタル&メランコリー**』を出品、それぞれ受賞歴がある。そのせいかどうか、今回は評判にもかかわらず無冠に終わった（審査員の好みにもよるが）。

ホニグマン監督をはじめ、一度参加した監督が次回作も出品するケースが多いのは、山形の特徴のひとつだろう。これは、参加したゲストに好印象を残す映画祭だということでもある。

つまりまたこの映画祭の観客と出会いたい、見せたい、議論したいと作家たちが考える映画祭なのだ。アットホームな雰囲気と、作品を介して語り合えるという親しさは、私の知るかぎりここが一番だと思う。

第二の特徴は、同じ監督が何度も山形へ足を運ぶため、いろんなネットワーク作りが可能になっていることではないか。ドキュメンタリーというジャンルはお金になりにくく日の当たりにくいもので、作家は何かに支えられていると感じる思いを確認できる場が必要だ。その場としての役割を山形は持っていると思うのだ。2年後の再会を期して、作家たちは勇気を、観客は元気をもらって帰る。

ドキュメンタリー映画は作り手の動機が劇映画よりもっと純粋だ、といったら語弊があるかもしれないが、撮りたいという内的必然性が大きいのがドキュメンタリーといえるだろう。作家としての欲求が劇映画よりストレートに現われる。それゆえ、その作家の時代を切り取る視点が見えてくる。今回の開催は、ニューヨークの爆破事件（いわゆる9・11）と、それに対するアメリカの報復攻撃という、世界を揺るがすひと月の間に重なった。そこでいっそう、戦争と芸術とのかかわりを考察させてくれる映画祭になってしまった。審査員のひとりハルトムート・ビトムスキー監督作品『B－52』は、長距離爆撃機B－52をあらゆる角度から見せてくれる貴重なフィルムであり、戦争のために開発された機能性と合理性がもたらす美について思いめぐらす契機となった。この映画を上映したその深夜、アフガニスタン攻撃（アメリカ合衆国やNATO加盟国によるタリバンやアルカイダに対する）のニュースが報じられたのである。『B－52』を見た観客は、いやおうなくあの映像をだぶらせたに相違ない。

前述した『**空色の故郷**』は、朝鮮からロシア沿岸に渡った移民たちがスターリンの強制移住で中央アジアのウズベキスタンあたりに多くいる、その歴史を綴った作品である。画家ニコライ・シンは9歳でこの地に移り、現在は教授として教えている朝鮮系ロシア人で、彼の描いた大作「レクイエム」は、単に民族の悲劇を描いたというよりも、ピカソの「ゲルニカ」に匹敵する人類全体の悲劇を描く叙事詩のような迫力の絵巻である。キム・ソヨン（金素栄）監督は、最初にこの絵と出会ったことが自分の映画作りのきっかけだと語っていた。

『空色の故郷』の画家ニコライ・シン

もうひとつ多かったテーマは、性のアイデンティティについてである。『**安らぎの土地**』（ケイト・ディヴィス監督）はトランスジェンダーのカップルを描き、手術されるときの医者の蔑視に言及する。障害者姉妹が結婚願盟を語る『**パンジーと蔦**』（ケ・ウンギョン監督）もまた、姉妹と出会ったことが製作の動機と監督は言う。双方の信頼関係がチャーミングな作品に結実した。

山形の前に、〈あいち国際女性映画祭〉〈京都映画祭〉も覗いてきた。日本国中いくつもの映画祭が開かれている時代である。それだけに特色が求められる。あいちは女性監督作中心というポリシーがあり、京都も時代劇のメッカであったという映画都市のイメージアップにつながるプラグラムなどに工夫がみられる。いっそうの健闘を期待したい。

大阪民主新報　２００１年10月18日

2001

『子猫をお願い』と出会った！

〈第6回釜山《プサン》国際映画祭〉は11月9日より17日まで開催され、60ヵ国201作品を上映、延べ14万3130人の観客を集めた。アジアで最もエキサイティングな国際映画祭といわれるゆえんは、作品数や観客動員数だけではなく、釜山市あげての熱烈な歓迎とボランティアの一般市民による支援体制の賜《たまもの》であるからだ。

〈釜山国際映画祭〉（ＰＩＦＦ）の特徴は、7部門すなわち〈アジア映画の窓〉〈新潮流〉〈韓国映画パノラマ〉〈世界の映画〉〈ワイド・アングル〉〈ドキュメンタリー〉〈オープンシネマ〉、そして〈特別番組〉（本年は韓国映画界の巨匠シン・サンオク／申相玉監督レトロスペクティヴと、バンコク・エクスプレスと銘打たれたタイ映画特集）というプログラムに加えて、ＰＰＰ（プサン・プロモーション・プラン）というプロジェクトが並行して開催されるところにある。アジアの映画作家を支援し、企画段階からサポートする仕組みである。近年増えている日本の出資によるアジア各国との合作映画はこうした場所が発信基地になっているのである。

コンペティションはないと書いたが、さまざまなアワードが用意されている。たとえば、〈新潮流（ニュー・カレント）アワード〉はアジアの新人監督に対して1万ドルの現金を与えるもので、受賞者は、ソン・イルゴン（韓国『**フラワー・アイランド**』）が獲得した。〈ＮＥＴＰＡＣアワード〉は、〈新潮流〉および〈韓国映画パノラマ〉に出品された韓国映画の中から選出する最優秀作品で、受賞作は『猫をよろしく』（チョン・ジェウン監督、公開タイトル『子猫をお願い』）と、『ワイキキ・ブラザース』（イム・スルレ監督）であった。ちなみにふたりとも女性である。

韓国内の作品を対象とする各賞は当然韓国映画に与えられるものだが、海外の監督・作品を対象とした賞も、今回は韓国映画が独占した。そんなところにも今、韓国映画に勢いがあることを実感するのである。

このような韓国映画の活況の背景には、社会状況の変化と国の文化保護育成政策がある。〈386世代〉と称される1960年代生まれで1980年代に大学に通った30歳代の監督たちは、1980年代後半からの民主化の広がりと検閲緩和の中で、それ以前の監督たちより自由なテーマと表現方法で映画製作が可能であった。また、映画人育成のため1984年に設立された韓国映画アカデミーや1990年半ばに完成した総合撮撮所といった設備、現在それらを管理下におく韓国映画振興委員会（KOFIC。1999年5月、韓国映画振興公社を発展的に解消して設立）が、韓国映画の底上げをサポートしているのである。

この委員会は、年間10本くらいの優れたシナリオに1本あたり3億ウォン（約3000万円）の製作援助金を出し、公開後回収できない場合は、その版権を担保として、委員会がその作品の運用にあたる、という方策を取って質のよい映画作りを支援している。

さらにはハリウッド映画の市場独占を許さないという映画人の結束、年間に一定の日数を自国映画上映させるスクリーンクオーター制などなど、自国映画に対する熱い思いは日本の比ではない。

『シュリ』『JSA』のヒットはハリウッドに対抗できる作品プラス南北分断の悲劇という固有のテーマがあったためでもある。しかし、この路線だけではなく、さまざまなジャンルの映画が同時に作られ、何本かはハリウッド映画をしのぐ観客動員数をあげている。その結果、製作費への投資も増え大作化しているわけだが（もちろんすべての作品がヒットするわけではなく、厳しい状況もある）、完成度も高いことをあらためて認識した映画祭であった。

ここでは韓国女性映画監督作品にしぼって書いてみたい。

チョン・ジェウン監督『**猫をよろしく**』は、同じ高校を卒業した仲良し5人娘のその後を描く青春映画である。ひとりは大企業に就職するも、コピー取りなどの雑用ばかり。英会話力で認められようと努力するが、希望を打ち砕かれる。別の子は建物が崩壊しそうな家に住み、テキスタイルの仕事を探しているが失業中だ。3人目は障害者の介護のボランティアと家事手伝い（沐浴場《モギョクタン》経営）で、詩をパソコンに打ち込んだりしている。残りのふたりは中国系の双子で、街角でさまざまな小物を売っている。

そのように、皆、社会に出て苦労しているが、集まってはわいわいガヤガヤとかまびすしい。会社員の子の誕生日に、失業中の子は子猫を贈るが「飼えない」と返されてしまう。自分で飼うことにしたが、ある日、彼女の留守中に屋根が落ち、家族（祖父母）は死んでしまう。猫だけは助かった。しかし家をなくした娘はわざと矯正施設に入り、猫は介護の子に預けられる。〝介護少女〟は海外で働くことをめざし、施設から社会復帰した少女と新たな旅立ちに出るところで映画は終わる。そして子猫は双子が引き取ることになったのである。

どこの国にもこうした青春映画はあるのだが、この作品の良さはちゃんと働く姿を映して、若い女性が置かれている厳しさをとらえていることだ。その会話の弾み方、携帯電話やメールの使い方など、見ていてほほ笑ましい。パジャマパーティで集まった夜、戸外に出て内からの自動施錠で閉め出され、穴を掘って入り、新聞をかぶってふるえて夜を過ごす、なんていう場面のおかしさったらない。つらいことをはね飛ばす、はちきれんばかりの若さがいとおしい。久しく出会わなかった女性による女性のための女性映画だった。

この作品の製作には、多くの女性映画人が協力しているという。『**猫をよろしく**』とともにNETPACアワードを受賞した『**ワイキキ・ブラザース**』のイム・スルレ監督も女性、ドキュメンタリー対象のウンパ賞『**別れ**』のファン・ユン監督も女性。受賞はしなかったが、韓国の女性映画人の先輩たちを撮ったドキュメンタリー『キーピング・ザ・ヴィジョン・アライヴ』（イム・スルレ監督）も紹介された。
現代韓国社会に生きる女性が抱える問題は、日本にも共通するものが多い。果敢に声をあげ、作品を通じて世に問いかける韓国女性映画人たちにエールを送りたい。

神戸新聞　2001年12月20日、大阪民主新報　2001年12月9日を改稿

〝英語帝国主義〟からの脱却を

「複数の言語を使うことで見えてくる世界」といったことを、映画を通して考えてみたい。

最近見た作品では、『**トラフィック**』（スティーヴン・ソダーバーグ監督）がアメリカとメキシコを舞台に巨大な麻薬シンジケートの姿を描いたもので、それぞれ現地で使用される言葉を使い、メキシコ場面ではスペイン語を使用、英語の字幕付きとなっていた。

さらに、メキシコ場面では全体を渇いた黄色っぽい色調にして、アメリカ場面とのコントラストを出していた。あまり意識しなかったが、アメリカのシーンもワシントンとフロリダではトーンを変えていたのではないか（カメラ・オペレーターもソダーバーグ監督が自らやったそうだ）。こうした意識的な「複数言語」の使用は、ハリウッドでは少ない。

反対に悪い見本として『**スターリングラード**』が挙げられる。監督はフランス出身のジャン＝ジャック・アノー。彼は何作か英語映画を撮っている人である。今回は舞台がロシア、主人公はソ連の狙撃手で、ドイツの狙撃手との対決をクライマックスにした戦争映画であるが、双方とも英語でしゃべる。せめてドイツ側だけでもドイツ語にしてくれたら〝違う言語〟を使用していることになって、観客はその違いを意識できるのにと思った。

そのうえ、字幕がまずい。ドイツ人狙撃手の名前は、英語ではコーニックと呼んでいるのをちゃんとケーニッヒとしているのはいいが、ロシア人の名前の方はかなりデタラメだ。おそらく英語の台本で翻訳したからだろう。ヴァロージャがヴァローディア、アントンがアンソンなどとなっている。主人公はヴァシリと出るが、ヴァシーリーにしてほしい。致命的なミスだと思うのは、「ヨゼフとアドルフは仲良しだった」云々という字幕。これはスターリンとヒトラーの独ソ不可侵条約のことを言っているのだが、ヨゼフはヨシフにすべきだし、「スターリンとヒトラーは……」とした方が、観客にはわかりやすいかもしれない。翻訳者はヨゼフがスターリンと気づかなかったのであろうか。

この作品、町の看板などはロシア文字をちゃんと使っているし、エンド・クレジットは、ロシア・アヴァンギャルドのポスターを模した字体を使うなんてしゃれたことをしているのに、どうして言語にこだわってくれなかったのだろう。残念だ。この差は何か。作り手の世界観の違いではなかろうか。

イタリア映画『**ベニスで恋して**』（シルヴィオ・ソルディーニ監督）は、主婦ロザルバ（リーチャ・マリエッタ）が旅先でのアクシデントで家族から置き去りにされ、結果としてひとりでヴェネチアですばらしい休日を過ごすという、いわば〝主婦の日常脱出の夢〟を描いた作品である。ここで、ロザルバが出会うリストランテの男フェルナンド（ブルーノ・ガンツ）は〝外国人〟で、ばか丁寧なイタリア語を話す、というのがキー・ポイントなのである。

親しくなれば、〈あなた〉が〈きみ〉に変わる人称変化をする言語圏では、この二人称の変化というのはなかなか意味深い。フェルナンドは単に二人称が〈あなた〉型というだけでなく、かなり古風な丁寧体で話しているらしく、その表現が笑いを誘う。たとえば、ロザルバが「私は今、○○リラしか持ちあわせがないのだけれど、泊まれるホテルがあるかしら」と訊ねると、フェルナンドは「恐れながら、その金額ではマダムにふさわしいホテルを見つけるのは困難かと存じます」といった返事をするのである。勉強して習得した外国語、文法的には正しいが現地人はそんなふうには言わない表現、そのニュアンスのズレが楽しい。それがフェルナンドの風貌と相まって、ロザルバには誠に好ましく映ったのである。この作品は複数言語ではないが、ネイティヴでない人が使う言語というのをうまく取り入れ、その差異をプラス効果にした例として挙げておきたい。このように言語を意識的に使った映画を見る楽しみは、ヨーロッパ作品の方が豊かである。

ハリウッド映画は、外国を舞台にしても、主人公は英語だけしゃべれば、必ず助けてくれる「英語を解する現地人」、もしくは「現地にくわしい英語を母語とする英米人」が登場する。この〝英語帝国主義〟から脱して、複数言語を効果的に使ったハリウッド映画が『**トラフィック**』に続いてくれることを望む。

とても私的なシネマガイド　２００１年５月号

2002

グローバル・ヴィジョンという意識

〈第26回香港国際映画祭〉（ＨＫＩＦＦ）は3月27日から4月7日まで、香港島と九龍《クーロン》半島の両サイドの数会場を中心に開かれた。この国際映画祭は１９７７年にスタート、香港市民が世界の映画芸術に触れる機会を与え、対外的にはアジア映画の紹介・発信基地としても機能してきた。

私は１９８７年以来毎年参加し、アジア映画が世界に認知されたこの十数年の変化を肌で感じてきた。たとえばイランの巨匠アッバス・キアロスタミの作品と出会ったのもＨＫＩＦＦであったし、それは彼の作品がヨーロッパの映画祭で受賞するより前であった。あるいは統一後のベトナム映画、ソ連崩壊以前に特集が組まれた中央アジア・グルジア共和国映画などとの出会いは、私にアジア映画の多様性と豊かさを教えてくれたのである。

ＨＫＩＦＦのプログラム担当者は誇りをもって「今年からアジア映画も世界映画（グローバル・ヴィジョン）の枠に入れた」と書く。「以前は〈アジア〉枠というアファーマティヴ・アクションによってアジア映画の積極的な選択をする必要があったのであるが、現在そうする理由はない」として部門を分別するのをやめたとのこと。思い返せば、中国第5世代は１９８５年、スイスの〈ロカルノ国際映画祭〉で『**黄色い大地**』が上映されたことでヨーロッパに〈発見〉されたのである。その後、台湾のホウ・シャオシェン監督が注目され、ウォン・カーウァイ監督作品がアート系香港映画の存在をはやらせた、というふうに中国語圏映画を中心にアジア映画の認知が世界に広まったのは、この二十数年のことだった。その意味で当初からアジア映画の秀作を上映してきたＨＫＩＦＦの先駆的役割は大きかった。

さて本年の開幕作品は地元香港のフルーツ・チャン監督**『ハリウッド・ホンコン』**とドイツのトム・ティクヴァ監督**『ヘヴン』**、閉幕作品は台湾のツァイ・ミンリャン（蔡明亮）監督**『ふたつの時、ふたりの時間』**、特別上映がアメリカのロバート・アルトマン監督**『ゴスフォード・パーク』**と香港のラム・ワーチュン監督**『ランナウェイ・ピストル』**など、東西バランスよく配した番組であった。恒例の監督回顧上映はやはり地元の巨匠で女性監督としてキャリアのあるアン・ホイ作品集で、彼女を招いてのセミナーも催された。

ところで、今回から映画祭運営が香港芸術発展局の下で組織がリニューアルされたとカタログに記されている。中国返還後もＨＫＩＦＦは存続してきたというだけでなく、香港における映画産業の重要性を当局も認めているし、去年は西湾河《サイワンホー》にフィルム・アーカイヴもオープン、過去の香港映画の評価と保護育成に力を注いでいる。今回の映画祭で地元にいちばん人気があって切符が売り切れたのは、このアーカイヴを中心に上映された〈國泰名作展〉、すなわち１９５０年代から１９７０年までの香港娯楽映画の作品群であった。

〈独立時代部門〉ではアジアの若手インディーズ作家を特集、今後の活躍へ期待をこめたプログラミングである。今年は〈プラネット・オオサカ〉というコーナーが作られ、大阪芸術大学出身作家４人の作品も上映された。最近の中国語圏映画の傾向を探るため、〈第26回香港国際映画祭〉（ＨＫＩＦＦ）が選んだ〈独立時代部門〉の作品をのぞいてみた。

中国のチュウ・ウェン（朱文）監督の『**海鮮（シーフード）**』は、北戴河《ベイダイホー》という保養地を舞台に、娼婦をしている女性の切羽つまった思いを描く。警官との交流も生まれるが、それも彼女をどうにかできるほどの力にはなりえない。これまでの中国映画には見られないシチュエーションと、風景に語らせるタイプの寡黙な映像である。チュウ・ウェン監督はこれがデビュー作で、チャン・ユアン（張元）監督『**おかえり**』の脚本家であり、もともと小説家だそうだ。

『**動詞変位（コンジュゲーション）**』は中国・香港合作で、エミリー・タン監督のデビュー作。１９８９年、天安門事件の半年後という設定で、大学生たちの行き場のない青春を描く。主人公の作家志望の男の子が姉あての手紙をナレーションで読むが、その姉は架空の人だというところが目新しい表現法。おそらく、一人っ子政策で兄弟姉妹のない世代の気分を表しているのであろう。

自分たちのいる小さな世界からしか自己確認できないというのは、世界中の若手インディーズ作家に共通する映画作りのスタンスなのか。とりあえず何か撮りたい。それは結構だが、映画を撮ること以上にそれを誰かに見せること、いや、誰に見せるのかという対象を明確に持ってほしい。第5世代までの作家が「何を描くのか」という強烈な意志を画面にぶつけてきた時代とは明らかに違う、中国新世代の映像作家たち。たくさんの新人が、国家主導ではなく自分流にデビューできるし、世界の映画祭にも出ていける。それは有利な条件だ。ＨＫＩＦＦに先行して開かれた2月の〈ベルリン国際映画祭〉でも『**海鮮**』『**金子（ボックス）**』（アイ・ウェイウェイ監督）ほか、何本かの中国インディーズ特集が組まれていた。私は見逃したが、『**食事**』

はレズビアンを描いたドキュメンタリーであるという。こういう主題はインディーズでなければなかなか作れない。

新人に苦言を呈するために映画を見ているだけでは、映画祭で発見する楽しさがない。台湾の新人監督ホンホン（鴻鴻）の『**人間喜劇（ヒューマン・コメディ）**』はいくつかのエピソードが連鎖していくオムニバス風のユニークな映画だった。トニー・レオンに夢中な靴店の店員少女のエピソードは、足だけの登場ながら、ある日、トニーその人が店にやって来る。もちろん、トニー本人が出演しているわけではないのだが、ヒロイン同様こちらもドキドキしてしまう。つまりそういった感覚を共有できる瞬間が、映画体験の幸せなのだ。同じく、劇中劇として全員男の子のキャストで演じられる「白水」のコミカルな演技も笑えた。この演劇は「白蛇伝」をもとに同性愛差別をアレゴリーとして描いていて、台湾で評判の芝居だそうだ。

最後に香港映画の状況について。アン・ホイ監督の新作『**男人四十**』は映画祭でプレミア上映のあと、市内の映画館でロードショー中で、そちらへ見に行った。ジャッキー・チュン扮する中年男の「四十不惑」とはいかない惑いをしっとり描いた、香港らしからぬ作品だが、早くも上映が1日1回だけと冷遇されていた（ヒットしなければ、そうなるのが香港興行界）。映画祭に集うマニアの好みと一般映画ファン（最近のヒットは『**少林サッカー**』）との落差は、あいかわらず激しいようだ。

産経新聞　2002年5月22日

2002

映画文化は自由貿易の対象物ではない

〈第7回釜山《プサン》国際映画祭〉は11月14日から23日まで開催され、のべ16万7349人の観客が参加、盛況裏に終わった。いつも同時期に開催される〈東京国際映画祭〉（10月26日〜11月4日）と比較され、その差が指摘されるのであるが、今年の〈第15回東京国際映画祭〉の問題点については一般各新聞が報じていることでもあり、私としては、別のサイドから良い作品との出会いがあったことを釜山とともども報告したいと思う。

東京でも釜山でも、力を入れているのはアジア映画のプログラムである。そのため、いくつかの作品が両方でダブって上映されている。12月に開催される〈東京フィルメックス〉ともダブりがあり、優れた作品に対するオファーはいずこも同じなのだと思うが、ひとつには、映画祭上映作品を求めて各映画祭のプログラム・ディレクターが選択に行く先がバッティングするからであろう。また、製作者側も国際映画祭上映で箔を付けたいという狙いがあるからでもある。この結果、コンペティション作品として出品されるのは、先行映画祭に出していないことを前提とするはずなのに、東京より以前にコンペに出ていたことが判明してコンペ外作品とされる映画が3本も出てしまった。釜山は、そういう意味での国際映画祭Aカテゴリーになっていないので、東京や他とのダブり上映は問題にならない。いろんな作品がワールド・プレミア、アジア・プレミアとして上映されていた。

釜山に来る観客の大多数は韓国の人々であるが、そのメインは若い世代である。韓国は自国の映画人育成のため国立の映画大学を作っているが、他の大学も映画学科がたくさんあり、未来の監督・脚本家・プロデューサー志望者が大挙してこの映画祭に来るのだ。今年はその学生たちのステューデント・パスを持った人たちと私たちプレス・パスのメンバーとが列を同じくしてチケット・センターに並ばされ、欲しい切符が売り切れという目に遭わされた。さすがに苦情が出て交換場所が別に設けられたが、それでも数にかぎりがあり、見たい作品が見れなかった。

活況は喜ぶべきだが、一般のファンとして来た私の友人たちはソールドアウトの悲劇に出会った。ただしキャンセルが出るので、当日朝早く並べば一度売り切れた作品の切符を手に入れることができる。しかしこれはなかなかしんどい。何人か組んで交代で寒い中を並び、やっと欲しいチケットをゲットした。

そういう困難を越えての映画鑑賞であるから、選んだ作品がスカだったら、がっかり度も倍増する。会場のはしごが難しくて、やむなく同じ場所という理由で選んだ台湾映画などは悪い例だ。香港スター、レオン・カーフェイ主演のホラーで、中国語でしゃべり、字幕はハングルだけ。話はわかるとしても、いわゆるCGの見世物映画である。世界のある種の傾向だが、わざわざ見るほどのものではない。その会場とは今年オープンしたシティズン・ホールで、いつもの映画館街からは離れており、地下鉄で行く。おや、地下鉄もずいぶん路線が延びてきて、例年は敬遠している海雲台《ヘウンデ》へも地下鉄で行けるようになっているではないか。

そういうわけでそちらにできたメガバックスというシネコンにも足をのばした。

シティズン・ホールでは、スターのパネル写真がロビーでわれわれの目を楽しませてくれ、雰囲気を盛り上げる。オープニングのときはスターが車で乗りつけ、見物人は歓声、市内数ヵ所の劇場で中継されたイベントは、その後何度もテレビ放映された。

韓国映画は相変わらず多様なジャンルがあり充実している。釜山で見た『ＹＭＣＡ野球団』（キム・ヒュンソク監督、公開タイトル『爆烈野球団！』）は喜劇の中に日本支配の状況を入れ、笑いとシリアスな部分をうまく出したウェルメイドな娯楽作品。東京のコリアン・ウィークで見た『海賊、ディスコ王になる』（キム・ドンウォン監督）もエンターテインメントでありながら、男の子の友情部分に泣かせどころを配する。父の代わりに汲み取りの仕事をするひとりを他のふたりが嫌がらず手伝うシーンの自然な行為に、日本映画が失って久しい人情を感じ胸が熱くなった。そして釜山では労働者の闘いを描いたドキュメンタリーが毎年出品されている。映画館の外では、「映画文化は自由貿易の対象物ではない」というデモンストレーションにも出会った。激しく熱い映画への思いが各人各様に表現されている映画祭だった。

大阪民主新報　２００２年12月8日

2003

若き女性映画人の登竜門

韓国のソウルで開催された〈第5回ソウル国際女性映画祭〉に参加した。秋に開催の〈釜山《プサン》国際映画祭〉には毎年通っているのであるが、こちらははじめて。というのも4月には恒例の〈香港国際映画祭〉もあるから、例年は香港に行っていたのである。しかし今年は例のＳＡＲＳの流行のため、香港行きは断念せざるを得なかった（映画祭自体は開催された）。

ソウルの訪問は数年ぶりの私にとって仁川《インチョン》国際空港もはじめてで、空港ばかりかソウル市内もすっかり変わっているのに目を見張った。去年のワールドカップは日韓交流のあらたな契機になったと思うが、それ以前の１９９８年、部分的に日本文化の解禁が始まり、日本でも韓国の文化の紹介が増えてきたことは、お互いに喜ばしい状況である。韓国映画の紹介や上映をしてきた私には、この10年の変化は、善くも悪くも日韓の距離を近づけたと感慨無量なところがある。

ＩＭＦ管理下から立ち直った韓国はもちろん世界の不況の影響で失業者は多く、厳しい生活の人も多かろうと思うが、それは日本も同じこと。だが、人々の元気なことと、戦争反対や生活擁護の闘いの声の大きさは、私たちの比ではない。私たちの宿泊したホテルが、ソウル市庁舎やアメリカ大使館に近い場所だったので、道路を埋め尽くす平和の集会や、ハンストを続ける人たちの姿を見ることになった。

映画祭の開かれる大学路《テハンノ》は文字通り、学生街である。トンスン・アートシアターという映画館と、隣接するトンドク女子大学を会場に、11日より18日までの8日間、約120本の長短篇映画（ビデオも含む）が上映された。この映画祭は〈女性の目を通して見る〉映画祭であるから、その大半は女性監督作品。運営のほとんども女性スタッフが仕切っている。けれど多くの男性がボランティアスタッフとして協力しているのを好もしく思った。男子学生が楽しそうに女子学生の指示のもとで動いているのを見て、**『猟奇的な彼女』**のような関係もあながちオーバーではないと思うほどだ。さらに気づいたのはスカートを履いた女性が皆無だということ。ちなみに地下鉄内で観察したらおばさんも含め1車両スカート・ゼロであったことがしばしばで、たまにひとりかふたりいるくらいだった。

　本題の映画について言えば、韓国映画の興隆は国家の文化政策でもある。映画人育成の大学が盛んで、そこでは当然映画を学ぶ女性が増えているわけだ。が、彼女たちが卒業して映画界に進出したいというとき、その門戸はまだまだ狭い。そうした若き映画人の登竜門としての役割も、この〈ソウル国際女性映画祭〉は担っている。作品の多くが短編なのは、長編の製作が難しいせいでもあるし、とりあえず短編で世に問うて、道を拓こうと考えるからだろう。現在、劇場映画でデビューする女性監督は増えているという。**『ナヌムの家』**等のドキュメンタリーで知られるビョン・ヨンジュ監督は**『密愛』**というラブ・ストーリーでフィクションに進出したし、ホン・サンス（男性）監督のもとで助監督を務めていたパク・チャノク監督も**『ジェラシーは私のミドルネーム』**でデビューした。そしてパク・クァンス（男性）、イム・スルレ（女性）

両監督のアシスタントだったパク・キョンヘ監督の『スマイル』が今回オープニング作品に選ばれた。チケットが売り切れで見られなかった映画も多く、活況は伝えられるが、作品の中身について書けないのが残念である。映画上映のあとの質疑応答も盛んだが韓国語のみの通訳なしでは、ついていけなかった。来年はもう少し内容のあるレポートができるよう、韓国語の勉強をしたい。

大阪民主新報　２００３年5月11日

2003

『もし、あなたなら～6つの視線』と出会う

ともに第8回を迎える〈釜山《プサン》国際映画祭〉（10月2日～10日）と〈山形国際ドキュメンタリー映画祭2003〉（10月10日～16日）に参加した。

釜山は今年からメイン会場が海雲台《ヘウンデ》地区に移動した。そこから片道1時間かかる南浦洞《ナンポドン》に泊まった私は、メイン会場のイランの特集やドキュメンタリーはあきらめ、ほとんど韓国映画ばかり見ることになった。それでも韓国映画を見ればゲスト・スターが来るわ、いろいろおまけがあるわで雰囲気は十分盛り上がる。

たとえば今年いちばんのヒット作**『殺人の追憶』**（ポン・ジュノ監督）は、1980年代後半に起こった連続殺人事件を捜査する地元の刑事とソウルから来た刑事の話。実際の事件は迷宮入りとのことであるが、映画でも犯人はわからない。そのため怪しい登場人物についてインターネット上で活発な議論が交わされ、これが観客増につながったという話を聞くと、この映画がヒットする理由のひとつがわかるわけだ。監督は俳優にもあなたが犯人だとか言わず演技をさせたという。人権無視の取り調べなど軍事政権下の空気もうまく表現されている。

『私は私を破壊する権利がある』（チョン・スイル監督）は、自殺希望者の望みを叶える帮助者の話で、原作

が話題になったもの。映像が他の韓国映画にないタッチで、フランス資本を仰いだ作品というのも納得。韓国よりフランスで評価されていると聞き、私は「あっ」と思い出した。1997年、はじめてこの映画祭に参加したとき印象深かった作品『**私の心に響く風**』の監督だったのだ。彼は、そのデビュー作と第2作も興行的に失敗、すごい借金を負ったそうだ。観客から「今回はヒットを狙ったのか」と遠慮のない質問が飛ぶ。芸術性と大衆性の兼ね合いは、いつも作家を苦しめる。

オムニバス作品『**もし、あなたなら～6つの視線**』は、韓国人権委員会が製作し、6監督それぞれの視点で人権をテーマにした短編を作ってもらったというもの。太っていることで就職差別される女子高校生、英語がうまくなるように舌の手術をされる小学生、外出したいのにままならない身体障害者などを、ユーモアや皮肉をこめて描く。これは日本でも見てもらいたい作品だ（その後、シネマコリアと弊社で共同配給した）。

釜山でパスしたドキュメンタリーを山形でつかまえた。『**それから**』（イ・ホソプ監督）である。朝鮮戦争のあと、アメリカ兵と結婚して渡米した韓国女性のその後を撮った作品で、唐辛子を栽培する老いた〈戦争花嫁〉の姿に胸打たれる。決してアメリカ人にはなれない彼女の自己確認がこの唐辛子作りなのだ。

おなじく韓国作品『**塵に埋もれて**』（イ・ミヨン監督）は、1980年光州《クァンジュ》事件の先駆けとなったサブク炭坑の労働者蜂起の当事者を訪ねて証言を得る。多くの人は、あの事件が重く心身に残ったままだったが、こうして語ることでようやく自分も解放されていく。そして映画がきっかけとなって韓国社会にアピールすることになった。ドキュメンタリーの力を感じるエピソードである。

韓国映画界のハリウッド的エンターテインメント追求にあきたらない作家たちは、ドキュメンタリー分野に活路を見いだしているのだろうか？　毎回優れたドキュメンタリーが韓国から来ている。

〈アジア千波万波〉の審査委員キム・ドンウォン監督はその分野の先駆者で、今回『**送還日記**』という、「北」のスパイとして30年間以上獄中にあり恩赦された人たちの姿を描いた作品が特別上映された。

ラトヴィアの『**フラッシュバック**』*（ヘルツ・フランク監督）は自分が撮った人々のその後、妻の死と自分の心臓手術などを見せて〈撮った対象の運命にかかわってしまう〉ドキュメンタリー作家という存在を考える。観客もまたスクリーンの人たちに無関心ではいられない。カンボジア『**S21　クメール・ルージュの虐殺者たち**』（リティー・パン監督）は、題名通り加害者と生存した被害者が、収容所跡で直接対峙する作品。当時の再現をしてみせる収容所職員の機械的な動作に、洗脳状態にある人間の恐ろしさを見てしまう。

アルゼンチンの『**レイムンド**』（ヴィルナ・モリナ／エルネスト・アルディト監督）は軍事政権に虐殺された映画監督レイムンド・グレイザーの生涯と中南米共通の歴史が描かれる。若い作家たちが先達の道を継承していることがうれしい。やはり個人的な世界を描いても、それが社会的な広がりのあるもの、単なる告発に

『もし、あなたなら〜6つの視線』のイム・スルレ監督（左）とチョン・ジェウン監督

とどまらず人間の仕業である以上、その深層へ踏み出している作品の方が心に残る。
特別招待作『**モロ・ノ・ブラジル**』（ミカ・カウリスマキ監督）上映の夜は、サンバのリズムに酔った観客がそのまま出会いの場「香味庵」になだれ込んで、遅くまで興奮が続いた。これが映画祭の醍醐味。〈釜山国際映画祭〉ディレクターのキム・ドンホ氏に山形でばったり。思わず私は「カムサハムニダ」とお礼を言った。

大阪民主新報　２００３年11月２日

＊『その昔、７人のシメオンがいた』の続編。

COLUMN 2003

歩いて探したサンクトペテルブルクの映画館

「赤い矢」号でサンクトペテルブルクに着いた朝、私たちのバスはホテルに直行した。そのとき、通った道の角のビルに「イスクラ」という名前の映画館を発見、手書きのポスターは『**帰還**』（アンドレイ・ズヴャギンツェフ監督、公開タイトル『**父、帰る**』、〈カンヌ国際映画祭〉受賞作）であるというのを目ざとくチェックした。ホテルのチェックイン待ちの間、英文、露文のフリーペーパーを見つけてパラパラ見ると、見たことのあるおっさんの写真があった。それはレンフィルムの重鎮アレクセイ・ゲルマン監督で、その下には息子（アレクセイ・ゲルマン・ジュニア）が『**最終列車**』で監督デビューしたという記事が息子の写真付きで出ていた。しかし、上映しているかどうかはわからない。フリーペーパーのガイド欄に載っているのは、いわゆるメジャー作品ばかり上映している映画館ばかり。「イスクラ」の名前はない。ホテルの人に頼んで、「イスクラ」の電話番号を探してもらい、尋ねてもらったが、『**帰還**』はどうやら、私たちがモスクワに帰る日から上映するらしい。その後、同行した田中潔さんにも何度も電話をしてもらったけど、全然誰も出ない。でも、住所はわかっている。スボロフスキー通り30番地だ。地図を見ると、モスクワ駅近くの地下鉄マヤコフスカヤ駅がいちばん近そうである。

翌日、皆さんが、アレクサンドル・ネフスキー修道院の墓地を見学に行っている間に探しに行きたいと申し出て、潔さんからケータイを借り、いざ出発。地下鉄はUさんも一緒だったので少し安心して乗る。マヤコフスカヤ駅からは、まったくひとりだ。地図を片手に、スボロフスキー通りを探す。あったぞ。ずいぶん広い通りだ。道路の左側は偶数番号だから2番地からはじまっている。これに沿ってずんずん歩けば30番地に着くはずだから、迷子になりっこない。おまけにかわいいカフェ、その名も「コーシュキン・ドム」があるぞ。これって「猫の家」ってことじゃない? でも「コーシュキイ・ドム」ではないのか。私のロシア語力ではわからないが、ひょっとして「プーシュキン」にかけたのかしら（誰か教えて）。

ところが1ブロック歩いて番地を見ると、まだ8番地なの。ひとつの建物がでかいので、なかなか数字が進まない。20分も歩いてようやくめざす30番地に来た。

薄汚れたガラス戸を開けて「映画館ですか?」と聞く。「ダー」とロビィのソファで編み物をしている上品なマダムが答えた。「私、日本人。ロシア映画好きです」という程度のロシア語で話しかける。お目当ての『帰還』はやはり明日からの上映、それも夕方5時が最初だという。京都のみなみ会館のように昼と夜は違う作品をするので、明日の昼間はお子様向け作品を上映するようだ。

それで、まあ私もあきらめがついたのだが、「本当にお客さん、いるのかしら」という感じで、悲しくなった。モギリ（切符切り）もテケツ（切符売り場）も彼女ひとり。電話しても出ないのはどこかに行っているからだろう。これが、ロシア映画を上映している映画館の現実である。ちなみにその日、上映していたのはソクーロフの『**父と息子**』（公開タイトル『**ファザー、サン**』）だった。ポスターだって1枚しか貼っていない。「キノ」という看板がなかったら、映画館だと思わず通り過ぎるところだった。「クサジャレーニュ（残念です）」と私はマダムに言って「イスクラ」をあとにした。潔さんと約束した5時にはカザン寺院に戻らなければならない。違う道を歩いたら韓国料理の店を見つけた。本当にいろんなレストランができている。

ネフスキー大通りに戻って、ようやくカザン寺院にたどり着いたら、ぴったり5時だった。潔さんがぽつんと待っている。バスはどこだ？　みんなは別の場所でバスに乗ったという。おやおや。でも無事に帰ってきたでしょ。潔さんと私は、ロシア最大の子どもデパート「ジェッツキー・ミール（現中央子どもデパート）」組と合流。ここでマトリョーシカに猫の絵が書いてあるやつを半額バーゲンで購入。私ってどこにいってもバーゲンハンターなのだ。でも594ルーブルが50％オフだよ。潔さんいわく、旧ソ連の店みたいな並べ方だ。ほんと、売る気あるのっていう感じ。なつかしい。

私にとって5年ぶりのモスクワとサンクトペテルブルク訪問だったので、ずいぶん夜が明るいなという印象を持った。片言のロシア語も少し思い出してきた。アカデミーの宿舎は昔、大阪外国語大学（現大阪大学外国語学部）教授の田中泰子先生ご一家や、泰子先生のご両親である高杉一郎さんご夫妻らたくさんの先生たちと過ごした場所である。食堂に行く渡り廊下も同じ、やっぱり、猫がいてうれしかった。

ノルシュテイン監督を囲んで

売店のお姉さんの足元で、幸せそうに寝そべっている猫ちゃんは野良なんだというが、まるで主のように堂々と渡り廊下のガラス越しに世間を見渡している。自分の分を減らしてでも猫や犬に食べさせるというロシアの人の話を聞いたけど、本当だよ。

猫の話もしたいけど、映画の話に戻れば、今回はロシアを代表するアニメーション作家ユーリー・ノルシュテイン監督の特別講義が聞けて最高だった。こんな経験は、他ではできない。泰子先生ご一家と監督の仲があってこそ実現したのだ。感謝感謝である。「空間の物質化」ということがわかりやすく述べられて納得した（その後、プーシュキン美術館で、実物にも会えたし）。

さて、私の密かな期待は、ロシアで見られなかった『帰還』を〈香港国際映画祭〉で見るというものだったが、念ずれば通ず、4月15日、香港で上映されることがわかった。というわけで、4月14～18日香港に行く。だから、皆さんとの同窓会には参加できないのであしからず。このほか、香港では『**ばあちゃん**』（リディア・ボブロヴァ監督）も見られる。いまやロシア映画は海外の映画祭で見る方が多くなってしまった。

もうひとつのおみやげは『セルゲイ・ボドロフ／最後の英雄』という、若くして逝った人気俳優の伝記本。これを読むためには本当にロシア語の勉強をしなければ……。日本ではジュニアをつけているセルゲイだが、こちらでは父の方がシニアとなっている。それぐらいセルゲイは新しい時代が生んだスターだったのだ。『**ロシアン・ブラザー**』（原題ブラート）に引っかけて、「彼はわれわれの兄弟だ」と表紙裏に書いてある。「けっして政治的ではなく、プロの俳優でもなく…（中略）…最後の英雄であり、最後のロマンチストだった」なんて詠嘆調で書いてある。

講義中のノルシュテイン監督

ミハイル・トゥロフィメンコフという映画評論家の著作で100ルーブルだった。

映画は見られなかったけど充実した9日間だった。カスチョールに感謝！*

スタディツアーの記録　2003年

＊「カスチョールの会」は、京都を中心としたロシア児童文学研究グループ。田中泰子さん主宰。潔さんは息子さん。

COLUMN 2004

ベトナムのダン・ニャット・ミン監督

11月のシルバーウィークあたり、〈大阪ヨーロッパ映画祭〉〈神戸100年映画祭〉〈京都映像フェスティバル〉など、各種映画祭がいっせいに重なって右往左往した。

その中で私が興味深かったのは〈ベトナム映画祭〉。これは〈アジアフォーカス・福岡映画祭〉が近年上映してきた作品を集めたもので、大阪国際交流センターで開かれた。アジアフォーカスのディレクターをされている佐藤忠男氏も講演され、今回は〈ベトナムの今を反映した映画を集めた〉とのこと。完成度だけを目安に集めると、作品の傾向に偏りが出てしまうもので、質はもうひとつでも他の作品にないジャンルとか、まさに今の問題を取り上げたアクチュアルな作品が入ってこそ、全体の展望ができるものである。その意味で過不足のない選択をされていたと思う。

とはいえ、やはりこの国を代表するダン・ニャット・ミン監督の『**グァバの季節**』が群を抜いていた。他の作家のものは多少ヒヤヒヤしながら見たのであるが、彼の映像はまったく安心して見られる。私は、1995年にNHKエンタープライズと共同製作した同監督の『**ニャム**』は、過去最高のベトナム映画だと思っていたが、佐藤氏も『**ニャム**』が最高といわれたので意を強くした。

そこで今回は、ダン・ニャット・ミン監督の新作『**グァバの季節**』（2000年）と『**ニャム**』、そして個人的にも知っているダン監督について書いてみよう。

ダン監督と私がはじめて会ったのは1983年のモスクワ国際映画祭である。早20年も前だ。ソ連がまだ社会主義国の大国として君臨していた当時、世界からゲストを招いてのモスクワ国際映画祭は、諸民族の友好と平和を旗印にしたイベントであった。映画祭に来た人々は、民族共和国やモスクワを離れたロシア共和国の地域に遊びに連れていってくれるという、大判振る舞いの時代である。

私が行ったのは、ドン川がアゾフ海に合流する肥沃な地の町、ロストフ。この地の人々は名高いドン・コサックの末裔とかで、身長2メートルの偉丈夫がお迎えくださった。訪問者一行十数名の中に、ダン監督らベトナム代表が3人参加されていた。それが出会いである。そのころは戦争が終わったとはいえ、ベトナムは戦後復興の大変な時期。映画製作にとっても厳しい時代であっただろう。ダン監督は本国から留

モスクワ国際映画祭参加者とロストフで。右から4番目（私の隣）がダン監督。1983年

学生としてモスクワ映画大学に派遣され、卒業後、祖国で映画監督としてスタートして間もない気鋭の人であった。

といっても、かの国の人は言葉づかいも物腰も優雅で奥ゆかしい。団体の一員という以上に親しくはなれなかった（言葉の問題があり、通訳を介しての会話となる）が、片言のロシア語（彼はもちろん流暢であるが）で話をした範囲では、ベトナム映画の次代を担う人だと感じた。旅の終わりに彼は1枚のポートレート（といっても身分証明書などに貼るミニサイズ）を私にくれた。それは今も大切に持っている。

その後、いろんな映画祭に行くたびにベトナム映画の出品をチェックし、ダン監督の作品があれば見るよう努力した。彼は何年かに1本、コンスタントに発表していた。

1985年のペレストロイカから1989年ベルリンの壁崩壊、1991年ソ連消滅という歴史の大変動の中で、ベトナムは1980年代半ばから「ドイモイ政策」という経済を中心にした開放政策に乗りだし、社会主義を堅持しながら市場経済を導入していく。そんな中で都会と農村との経済格差、旧南北の格差など、さまざまな矛盾が出てきた。ダン監督は、そうしたベトナム社会の変化の中で、いつもいちばん苦労をしているのに報われない人々の側に身を寄せた作品を作っていく。その集大成が1995年の『ニャム』だった。一度は難民としてベトナムを脱出した同胞を、祖国の建設に必要な人材として帰国を呼びかけていた1980年代後半のころの話である。

北部農村の17歳のニャムは、少年から青年への微妙な時期にあった。

隣人の姪がアメリカから法事で帰ってくるというので、駅まで迎えに行く役を言いつかったニャムは、都会の匂いを運んできたクエンという女性に心をときめかす。一方、ニャムには、夫の出稼ぎで孤独なグーという義姉がいて、グーは密かにニャムを愛している。父が戦死したニャムの一家は母と妹ミン、そして義姉という女ばかりが残り、ニャムは頼りにされている。村の住民たちもそれぞれ身内を戦死させた家ばかり。お互い助け合って暮らしている。しかし、インフレは農民たちの暮らしを圧迫する。貧しいニャムの家庭は、ニャムが進学をあきらめ、妹に進学させようとしている。ニャムは「女の方が学問をしないと生きていくのがたいへんだから」と考えるやさしい子である。しかし、突然泥酔トラックによって妹と友人は轢死してしまう。悲しい別れのあと、クエンも帰国、ニャムには招集令状が来る……。

平等をめざす社会といっても歪みはあり、より貧しい人々にしわよせがくる社会を批判しながらも、そこに住まう人々の心が荒んでいないことをちゃんと見せてくれる映画である。淡い性の目覚めを描きながら、決して過度な演出はなく控えめで節度のある映像がかえって想像力をかき立てる、そんな表現をしている。

彼の新作**『グァバの季節』**もまた、事故で知的障害となり、中年になった男の心の澄んだ部分を丁寧にすくい上げ、彼を取り巻く人々の姿に世相を盛り込んで、どんな社会でも変わらない人間のまことを浮かび上がらせる。その誠実な作風は、ベトナムだけでなく世界の宝だと思うのである。

大阪保険医雑誌　２００４年１月号

2004

異文化の侵入に対する弱者の選択

去年、SARSの流行で中止になった〈香港国際映画祭〉(HKIFF)に、今年は何としても行くつもりであった。他の人は知らず、私がこの映画祭に十数年も通っているには理由がある。1997年中国返還までの彼の地はイギリスの統治下であり、広東語と英語が併用され、西洋と東洋の文化が混在する不思議な空間を作っていた。

現在はそれに普通話《プートンファ》と呼ばれる中国語が使われている。漢字は同じものを使っていても発音が全然違うのである。香港映画を見れば、字幕が漢字と英語で出てくるというのをご存じだろう。

映画祭は、返還後も変わりなく開催され、今年28回を迎えた。アジアで開かれる国際映画祭の老舗であるが、近年、〈釜山《プサン》国際映画祭〉の人気に追い越されている。

しかし、HKIFFは元気だった。とりわけこの映画祭は、普段一般の映画館でかかりにくいヨーロッパの作品のセレクトがいい。なぜかと言えば、伝統的に、ここがヨーロッパ文化の影響を受けながら独自の香港文化を作ってきた、その教養があるからだと思う。

今回、私が選んだ作品には共通項があった。大鉈を振るって言えば、それらの映画が描いている世界は、異文化の侵入（功罪ともにある）に対する弱者の選択というテーマに集約できる。それは、香港人にとっても切実なテーマに違いない。かつてはイギリスの、今は体制の違う中国の支配がある中で、民衆は生きていく上でさまざまな選択をしてきた。その思いが、まったく違う国の映画を見ることに重ね合わせられるのである。香港人にとって他者である私は、その空気を共有しながら、冷房の効きすぎたホールで、映画を凝視する。そこに、日本で普通に映画を見ているのでは得られない緊張感があるのだ。それが味わいたくて通っている。

ポルトガルの3時間の大作**『行ったり来たり』**（ジョアン・セーザル・モンテイロ監督）は、遺作となった巨匠が自作自演する怪作で、同じ巨匠マノエル・ド・オリヴェイラ監督とはまた違ったアプローチで、現代社会を考察する。5分くらいの長回しで監督がしゃべり続けたりするので、理解は困難を極めるが、なぜか飄々たる監督の軽やかさに乗ってしまうと、苦痛はない。ポルトガルは、香港の隣のマカオを植民地にしていたという点で、香港人には他のヨーロッパと違う親近感を持っているのだろうか。いつも複数上映されるポルトガル映画の知的水準には驚かされる。受容する観客がいるということであるから。

ロシアの**『帰還』**（アンドレイ・ズヴャギンツェフ監督、公開タイトル**『父、帰る』**、第60回ヴェネチア国際映画祭金獅子賞）は、12年ぶりに帰ってきた父の横暴さに、兄はしぶしぶ従い、弟は反抗するが屈する、という話だけいえば何だということになろうが、この父と息子たちが誰を指しているのか、スターリンとロシア人民、あるいは、旧ソ連共産党と東欧社会主義諸国、などと想像できる作品で、香港の人もまた、そういったメタファーとして読み替えているのではなかろうかと思ってしまう。ちなみにこの作品は、香港で近日一般公開される。

イスラエル作品『**人生は人生**』は複数の女性とつきあう中年男の話であるが、監督がミシェル・バット・アダムとあるので注目した。この人はもとフランスの女優で、『**これからの人生**』（モーシェ・ミズラヒ監督）というアラブ人の少年とユダヤ人のお婆さんの交流を描いた作品に共演していた。ミズラヒ監督とアダムはパートナーとして、今イスラエルで映画を作っているのであった。厳しいパレスチナ情勢であるけれど、恋愛もあるという意味で逆説的平和を語る作品なのだろうか。健在でなによりだ。

会期中にイラクの日本人解放のニュースを聞いた。映画を通して世界を考え、自分のなすべきことを見つける。いつだって映画祭は平和に貢献していると思う。

大阪民主新報　2004年5月16日

2005

トニー・レオンとアンディ・ラウが後押し

恒例の〈香港国際映画祭〉は3月22日から4月6日まで開かれた。第29回を数えるアジアでは老舗の映画祭である。映画祭以外にも8つのイベントが開催され、"Entertainment Expo"と称して総合的なキャンペーンが張られ、トニー・レオンが影視娯楽大使を務めている。トロリーバスにも彼の姿が広告として登場。また映画祭の幟《のぼり》に書かれた「香港國際電影節」の文字はもうひとりのスター、アンディ・ラウ（今回彼をフォーカスした特集もあり）の手になるもの。スターも一丸となって香港映画界を盛り上げているのだ。

今年の特集の中では電影資料館（フィルムアーカイヴ）をメイン会場として上映された〈電影詩人スン・ユイ／孫瑜〉監督作品が興味深かった。スン・ユイ監督は1930年代の上海映画で活躍、ちょうどサイレントからトーキーに移る時代、また抗日映画の時代でもあり、娯楽映画の中に権力への抵抗をこめた。彼の作品『**野ばら**』や『**大路**（**タールー**）』に主演したチン・イェン（金焰）は、朝鮮人俳優で、彼の一家は日本の植民地支配から逃げてきたという経歴がある。

もうひとつの回顧上映は日本の木下恵介監督の特集である（木下特集は今、世界の映画祭を巡回中）。決して〈反日〉だけに偏らないプログラムを組んでいるのは、日本の若手作家の作品をたくさん取り上げていることでもわかる。『**下妻物語**』（英語題は、"Kamikaze Girls"）上映時は、映画のヒロインと同じゴスロリ・ファッションの女の子が多数つめかけ、映画祭は平和共存のイベントなのだと表明する。

さて世界のさまざまな作品を見た中でいちばん印象的だったのはロシア映画『**ハーヴェスト・タイム**』（マリナ・ラズペズヒナ監督）、35ミリフィルム、スタンダードサイズで撮影された作品。

時は1950年代、スターリンの掛け声のもと生産にいそしむコルホーズの農民一家の話である。第2次大戦（大祖国戦争）で両足を失った夫（実際の身障者が演じている）に代わり、一家の働き手である妻は〈社会主義競争〉という収穫高を競う作業で一等となり、深紅の旗をごほうびにもらう。彼女はそれを大事に飾るがネズミが来て端っこをかじっていく。猫を飼ったり、繕ったりするが、旗はだんだん小さくなってしまう。時は移り、孫娘はおばあちゃんの遺品の中から今や布きれ（旗の中に刺繍されていたマルクス、レーニン、スターリンの肖像部分だけが残っている）になった旗を見つけ、バンダナにして自分の頭に巻く。

この一家の物語をナレーションで語るのは息子。母のことを語るときは「ほら、そこにいる少年が私」と言い、現代の描写のときは「私はあの写真（軍服姿）だよ。アフガンで死んだのだけどね」と言うのだ。ロシアの歴史をこんなふうに描く手法は見事というほかない。ハリウッドとは違うソビエト映画の文体が生きていたことに感動した。

大阪民主新報　2005年4月24日

2005

日本に生きるということ〜境界からの視線

以前、私はこの〝とても私的なシネマガイド〟に「21世紀のはじめに」と題して、在日コリアンの故イ・ハギン〈李學仁〉監督の『赤いテンギ』が幻の映画となって公開されずにいることを書いた。何とか日の目を見せることはできないだろうかという思いだったが、結局、個人的には何の協力もせず、思わぬ形でその作品は上映された。今年10月に開催された〈山形国際ドキュメンタリー映画祭２００５〉のプログラムの中に入っていたのである。それは〈日本に生きるということ〜境界からの視線〉という特集である。

実は、このプログラムのコーディネーターであるプラネット映像資料図書館主宰・安井喜雄さんから密かに、今年の特集はいわゆる〈在日〉をめぐる作品の上映であると聞いたとき、思わず「『赤いテンギ』もやるのでしょうね！」と問うたのである。どうやらやれそうであると聞いたときのうれしさ。このときから、今年は釜山国際映画祭ではなく山形へ行こうと決めていた（本年は開催時期が重なって、どちらかを選ばねばならなかった）。

はてさて、今回の特集のラインナップの素晴らしさときたら、まさに快挙である。安井さん、お疲れさま。

この特集は、ドキュメンタリーがメインという映画祭であるが、〈在日〉を描いた劇映画も多数含まれており、日本人が描いた在日コリアン、在日がとらえた在日コリアン、韓国と北朝鮮&総連が作った劇映画の中の在日コリアンの姿というふうに、さまざまな立場の作者による映像が集中上映されるという豪華なものだった。しかも、南北両サイドの作品が同じ会場で上映されるなんて、映画祭ならではのことなんである。ゲストたちはいろいろ配慮をしながら、でも率直な発言であったのが見てとれた。デリケートな問題も含まれているからだ。

韓国映像資料院院長のイ・ヒョインさんは、ここで上映された韓国映画**『望郷』『あれがソウルの空だ』**が、自分たちのイデオロギー（この場合、韓国の反共主義）を表すために在日同胞を利用した映画になっていることを指摘したが、北朝鮮&在日本朝鮮人総連合会作品も同様だ。時代の制約の中で〈イデオロギー的に搾取〉された形で描かれた在日コリアン像。複雑な思いを抱かずに見ることはできなかった。自作の**『もう一つのヒロシマ アリランのうた』『アリランのうた オキナワからの証言』**を持って来た在日のパク・スナム（朴寿南）監督は、「歴史の証言者たちを記録する作業の中でさまざまな妨害がありました。一番ひどかったのは、在日の男たちです」と言ったのには私もうなずいた。そのように、儒教の家父長主義にからめとられた在日コリアン男性の姿は、他の映画からもうかがえる（たとえば〈アジア千波万波〉で上映された**『ディア・ピョンヤン』**とか以前公開された**『HARUKO』**なども）。

同時に、「ある政党からも妨害があった」と発言したパク監督に対して、会場から「それは共産党か」という質問があり、パク監督は「社会党です」と言明した。この応答にはドキッとした。パク監督が慎重に「ある政党」といったのは発言の文脈からわかる人は察してくれという意味だったと思う。それに対して無邪気というか無知な聞き方である。しかしパク監督は逃げなかった。この場にどんな人が来ているかわからないのに。

在日コリアンは、私たちを映す〝鏡〟だ。祖国の分断がなければ、引き裂かれる思いなしに、ひとつの朝鮮に戻ることができた（もちろん残ることも）。日本国は、彼らを勝手に「日本人」にして、戦後勝手にもう日本人じゃないと切り捨てた。しかも「朝鮮」籍の人々が「韓国」籍にしたら有利であるという日韓条約を結んだ。切り替えをしなかった人は「朝鮮」籍であり、「北朝鮮」籍ではない。祖国を朝鮮民主主義共和国と思っている人もいるが、北でも南でもない、ひとつの朝鮮だと考えている人もいる。現実にこうむる不利益、不便から、韓国籍を取った人も多い。

そういうさまざまな選択を迫られながら暮らしている在日コリアンのことを、たまたま日本国籍を持っているというだけで日本人になっている私には、関係ないと考えられない。自衛といいつつ侵略の道を拓く日本国憲法の改悪は、阻止しなければいけない。軍隊を持ってはいけない。殺す側になるより殺される方がいい。映画祭でうかれながらも、心おだやかでない毎日。

とても私的なシネマガイド　２００５年11月号

COLUMN
2006

『力道山』にみる日本と韓国・朝鮮の近代史

本格的な日韓合作映画『**力道山**』は、日本と朝鮮の歴史を語るうえで欠かせないスーパーヒーローをモデルにすることによって、1940年代から1960年代の両国の関係をあぶりだしてみせる力作だ。事実と違う点はいろいろあると思うが、それは重要なことではない。個人の生涯が時代と重なっていることを見事に証明できる人物として〈力道山〉がいたことが大事なのだ。

1944年、相撲部屋で金と呼ばれ、日本人力士から殴られている力道山（ソル・ギョング）は、関脇になるが大関昇進を見送られ、角界を去る。その後渡米、プロレスラーとして名を成し帰国する。日本にプロレス人気を巻き起こし一世を風靡するも、興行をめぐるさまざまなトラブル、病気、その他で満身創痍の身体を暴漢に刺され、病院で亡くなる1963年までを、映画は一気に駆け抜ける。その間に、彼と結婚し支え続けた綾（中谷美紀）との愛情、タニマチの菅野会長（藤竜也）とのしがらみが描かれる。

この映画に、プロレスには興味のない私が見ても引き込まれるのは、力道山その人の闘い方である。リングの上だけでなく、日本社会と闘った人だからだ。

下っ端力士のとき、「横綱になって思いきり笑って暮らしたい」と言った力道山が、死の床で韓国から来た弟子の金太郎に「故郷では貧しくても家族に笑いが絶えなかった。だがここでは笑えない」と、はじめて朝鮮語で語る。そして、愛する綾との記念写真で、どうしても笑えない力道山の顔を写した回想的ラストシーンをつなげれば、作り手の思いははっきり伝わる。ついに力道山は、日本では心の底から笑うことはできなかった。

彼は有名になってからは公式に朝鮮人であることを表明していないが、新弟子合格者の名前には本名が記されているそうだ。その当時、朝鮮は日本の植民地であった。彼が大関になれなかった理由は朝鮮人だからといわれているが、本当のところはわからない。しかし、力道山がそう思ったとしても当然なことだというふうに映画を見れば思う。

そして古くからの友人に「なぜ朝鮮人だと言わないのか」と聞かれ「私は朝鮮人でも日本人でも

ない。世界人だ」と答える力道山のふりしぼるような声が、彼だけでなく差別を受けたことのあるすべての人の代弁として、観客に突き刺さる。

プロレスラーになって外国人（特にアメリカの白人）をやっつける力道山に、戦争で負けたうっぷんを晴らしてくれると思った日本人の男たちがたくさんいた。そして、スポーツ報道関係者は力道山は〈日本人のヒーロー〉なのだから、あえて朝鮮人であることを大きく取り上げることはしない、という雰囲気だったようである。

現在、北朝鮮で民族の英雄として讃えられている力道山は、南北朝鮮から、そして日本の政界からも利用できる人物であった。けれど、映画はそうした政治色を排し、力道山という人物が自分流の生き方を通すことで他者とぶつかり、ひいては愛する人とも決別したというふうに描いていく。巧みな脚本で、娯楽映画のつぼも押さえている。さすが『**パイラン**』の監督ソン・ヘソンだけのことはある。日本人は、彼を生んだ時代と日本と韓国・朝鮮の関係を深く照射するこの映画をぜひ見るべきだと思う。

だれもが言うだろうが、私も言いたい。力道山に扮したソル・ギョングは、体重を28キロも増やし、空手チョップも練習し、リングの上で代役なしで闘っている。そしてほとんど95％ほどは日本語のセリフなのだがすべて自分でしゃべっている。この人の俳優魂があればこそ、実現した映画でもある。そして日本人側の好演もあって、この映画は合作につきものの違和感がない。日韓の文化交流が可能になった今だからこそできた映画である。

ユン・イノ監督の『**僕が9歳だったころ**』にも触れておこう。1970年代の韓国の貧しい地区の物語である。原題は「9歳の人生」で、たとえ9歳の子どもであってもその年齢なりの人生があることを描いている。そして子どもの世界から見えてくるのは当時の韓国社会なのである。ベトナム参戦の後遺症、軍事政権下で身を隠す活動家、不法占拠で住まざるをえないスラムの住民たち。

この映画はノスタルジーでもなく、かわいらしい子ども時代の思い出でもない。貧困がもたらす不幸と幸せの両方が、強調されすぎずに出てくる。〝アメリカ帰り〟と嘘をつく美少女ウリムと、その欺瞞を暴露するお転婆少女クムボクの対決は、主人公の男の子ヨミンをめぐる嫉妬などというものではない。自分の正当性を認めてもらいたい自尊心の発露なのだ。私自身がまったくそんな子どもだったと思う。そして先生はそういう私をわかってくれない最悪の大人だった。

2006年も韓国映画はたくさん公開されるようだが玉石混淆なので、ぜひ、良いものを選んでほしい。

大阪保険医雑誌　2006年3月号

2006

『蟻の兵隊』がワールド・プレミア

〈第30回香港国際映画祭〉（4月4日〜8日）の前半5日間に参加した。２００３年のＳＡＲＳ騒ぎの年は欠席したが、それを除けば１９８７年から毎年恒例の旅を続けている。１９９７年の中国返還はビッグイベントであったが、それ以後も映画祭は変わりなく開催されている。

アジアでは老舗のこの国際映画祭はコンペティションを目的にしていない。香港市民に海外の映画（特にアート系作品）を見る機会を提供し、また外国の観客には香港／中国だけでなくアジア各国の秀作を紹介する場として、多大な貢献をしてきた。近年、韓国〈釜山《プサン》国際映画祭〉の活況に押されて少し寂しい感じがするのは残念である。作品のセレクションは多彩で魅力的であるのに。

私が見たのは２００本以上のラインナップからわずか十数本にすぎない。それでも報告する価値があると思うのは、グローバリズムがもたらした影の部分を映画作家がテーマにし、世界に問おうとする姿勢がうかがえるからである。商業ベースの娯楽作品だけを見ていたのでは、決して出会うことのない映画を見つけることができるからだ。

そうした例の1本は**『チャイナ・ブルー』**（アメリカ／ミーチャ・ペレド監督、公開タイトル**『女工哀史《エレジー》』**）である。中国で製造されるジーンズがどのような過程でアメリカの巨大スーパー〈ウォルマート〉の特売品になるのかを追ったドキュメンタリーである。最低の賃金で1日16時間も働く少女たち。経営者は、バイヤーとの交渉でコストダウンを約束する。それは若年労働者にしわよせされ賃金の切り下げとなる。ストで闘う労働者……。中国製の安い衣料品は、こうした状況で生産されていることを、私たちはうすうす知っているのだが、それでも安くて喜んで買ってしまう。映画祭の合間に深圳《シェンチェン》に行き、若い売り子さんたちから値切って商品を買った私は、彼女たちもジーンズ工場の少女たちも同じだと思い、胸が痛い。えらそうなことを言っても自分が収奪する側にいるのだ。

この作品は〈人道に関する記録映画賞〉という部門の1本であるが、このセクションではまだ日本公開前の新作日本映画が出品されていたので、それも見た。池谷薫監督の『**蟻の兵隊**』である。

1945年敗戦直後、上官命令で武装解除せず中国に残り、国民党とともに共産党と闘わされた日本兵が2600人もいた。この作品は、生き残りの元兵士・奥村和一さん（80歳）が主人公だ。数年後、帰国したら、日本国は「兵士たちは自分の意志で残って闘ったボランティアだ」という。そのため軍人恩給も支給されない。奥村さんら8人は国を相手どって裁判を起こした。奥村さんは、中国山西省に行き、資料館で命令書が残っていることを突き止める。それでも裁判は敗訴、上告中。今日もまた奥村さんは戦争の真実を知ってもらいたいと、靖国神社にお参りにきたという若者と対話をし、中国では日本軍の残虐行為の目撃者（生存者）とも話をする。

7月の東京を皮切りに全国で公開される予定のこの作品が、いち早くアジアの人々の前でお披露目になったことは喜ばしい。日本人が皆コイズミと同じではないことを観客たちは理解し、大きな拍手を送った。こうした場に立ち会えることも映画祭体験の幸せである。

大阪民主新報　２００６年５月28日

2006

ビッグスターも労働者として

〈第11回釜山国際映画祭〉（10月20日〜28日）に3泊4日で行ってきた。短期間なので今回は韓国作品ばかり選んで見た。ひとつは〈日本の植民地時代の朝鮮映画〉の回顧上映である。

1930年半ばから、朝鮮映画もトーキーの時代になる。映画は朝鮮語で話され、日本語字幕がつく。ときどき日本語が使われるとハングルの字幕になる。私のように戦後生まれのものは、当時日本語を強制していたと思いがちだが、違うのであった。内容も娯楽性もあり、ヒューマニズムあり、プロパガンダありで、決してイデオロギーの押し付けだけではない。韓国のフィルム・アーカイヴでは、この時代の作品を収集中で、中国やロシアで発見されたものもある。日韓の共同研究が進むことが期待される。

新作では**『もし、あなたなら3（3つ目の視線）』**を見た。これは韓国人権委員会がスポンサーとなって、複数の監督に〈人権〉をテーマにした短編を作ってもらうというシリーズで、最初の**『もし、あなたなら〜6つの視線』**は、私たちの会社が日本配給をした。**『もし、あなたなら3』**は7人の監督（兄弟で共同というのが1本あるため）による6作品のオムニバス。例によって、さまざまなテーマと手法が楽しめる。

外国人労働者、学校でのいじめ、同性愛、黒人への偏見、家事育児をめぐる夫婦間のいさかい、そして非正規雇用者の問題などが取り上げられる。

　私は最後の非正規雇用者が、母が危篤なのにもかかわらず休みが取れない状況を描いたエピソードに胸を打たれた。このパート（「はかない人生」ホン・ギホン監督）の主人公を演じているのが**『ワイルドカード』『達磨よ、遊ぼう』**そして**『王の男』**などで知られるスター、チョン・ジニョンである。

　終映後、監督たちがスクリーンの前に並ぶ。そして会場の客席には、チョン・ジニョンその人も座っているではないか。私は、この映画の上映より前の時間帯で映画労働者組合連合主催〈世界の映画産業で働く人たちの立場と韓国の状況を考える〉というスペシャルイベントをのぞきに行ったのだが、そこにもチョン・ジニョンが参加していたのである。彼が**『もし、あなたなら3』**で不安定な地位にある労働者を演じたのは、彼の意志だと思って感動した。そして翌日、大ヒット作**『王の男』**のゲストとして登場したとき、彼

はスターのオーラを放っていた。これぞ韓国の俳優。

もうひとつ、韓国映画として出品されていた『**河を渡る人々**』というドキュメンタリーに触れておきたい。監督のキム・ドクチョル（金徳哲）さんは在日コリアン、かつて『**渡り川**』というドキュメンタリーで、故郷の歴史を学ぶ日本の高校生たちが韓国の高校生と交流する姿を描いた人である。今回はいわば「続・渡り川」だ。在日「日本」人と韓国人が、両方をつなぐ懸け橋になろうとしている。それで川を渡る人々と言っているのである。

主に4人がピックアップされているが、このような人々が無数にいて顔の見えるつきあいをしている。彼はいま釜山の大学で教鞭をとっており、今回はそちらの協力で作った。

旧知のキム監督に「日本公開は？」と聞くと、また相談したいとのことであった。

私も川を渡る人でありたい。

大阪民主新報　2006年11月5日

COLUMN 2006

韓国映画『王の男』の大ヒット

ブログ風に日記形式で書いてみる。

11月16日（木）フジテレビ「とくダネ！」（大阪では系列の関西テレビで放映）の担当者から電話で、韓国映画**『もし、あなたなら』**の興行収入はどのくらいかという問い合わせがキノ・キネマにあった。「何に必要ですか？」と問えば、明日の朝に取り上げる「〇〇〇のエンタメ」というコーナーで韓国映画を紹介するが、ここ何年かの韓国映画ブームがどうなっているかデータを取りたいので、去年公開された韓国作品の興収を各社に聞いているという。それでそのトータルの増減で、ピークは過ぎたのかどうか見るということであった。しかし、どこの会社も正直に教えてくれるとは思わない。うちだって正確なことは出さない。「おおよそといってもねえ。『もしあな』の興収など微々たるもので、足しても大勢に影響ないくらいの数字です。ともかく〇〇万円くらいのものです、最低の方ですよ」と言って電話を切った。

11月17日朝、関西テレビで「とくダネ！」を見る。昨今の「韓流」ブームは去ったのかということで、比較されたのは、テレビで放映された韓国ドラマの数が去年と今年で20本ほど減っているというデータのみ。さすがに映画の興行収入を計算することはできなかったようである（笑）。

それが枕で、本題は『**サッド・ムービー**』に主演している韓国スター、チョン・ウソンとチャ・テヒョンのインタビューだった。そこまでは、まあ良かったが、Sさんが『**王の男**』に言及して「私は嫌い」と言い、なんで韓国で大ヒットしたのかチョンさんに聞いたら、日ごろ映画を見ない高齢者層が見に行ったからだろうと言っていた、とコメント。これには、ちょっと疑問を感じた。

Sさんが『**王の男**』をどう思おうと自由であるが、本国の大ヒットの理由を、そんなふうに片づけられては困るのである。チョンさんの答えは一例としては当たっているのであろう。しかし、それだけで韓国人1300万人が見たという理由は語れない（全人口の4人に1人という数である）。

というのも、先に開かれた〈第11回釜山国際映画祭〉に参加したとき、私は『**王の男**』上映後のゲストトークで、こんな光景を目撃しているからだ。監督のイ・ジュニクさんが、会場の人たちにむかって「この映画を5回以上見た人は手を挙げて」と言うと、たちまち十数人の手が挙がったのである。その多くは若い観客で、また映画祭という性格上、彼らの多くが映画を勉強している学生であったかもしれないが、リピーターがたくさんいるのは事実である。5回と言わず、「2回目以上の人は?」と訊けば100人は超えたであろう。つまり、封切りで既に見ているが、この映画祭でもう一度（ゲストも来ることだし）見ようと思った人が圧倒的だったのだ。

私だって映画祭事務局にプレス登録をしていたが、この作品は人気があって切符がもらえないとわかっていたので、映画を見るのはあきらめて、上映後のトークだけ入場させてもらったほどだ。

日本に帰ってから、試写会で見せてもらったが、やはり、もう一度見てみたいと思うほど魅力的な映画である（Sさんの嫌いな理由が訊きたい）。

この映画を見ながら私は、10年あまり前、日本で公開した『**永遠なる帝国**』のことを想起していた。何を隠そう、この作品はわが社が共同配給して、ものの見事に不入りという結果を残した経験があったからである。

『**永遠なる帝国**』（パク・ジョンウォン監督）は、李朝後期の正祖という王の時代の話である。宮廷が保守派と改革派に分かれて勢力争いをしている中、王自らが改革を行おうとして挫折する。これを秘密の書物の発見に始まる謎として、殺人事件が起こり、探偵役が推理するというミステリー仕立てとなっている。古い例だと『**薔薇の名前**』風、最近の映画だと『**ダヴィンチ・コード**』風の展開と思ってくれればよい。実に良くできた作品だったが、いかんせん、当時の日本に「韓流」ブームはなく、一般観客にはそっぽを向かれた。

正祖にアン・ソンギ、探偵役はキム・ミョンゴン、若い官吏にチョ・ジェヒョンという布陣は、今見るともっと値打ちがある。アン・ソンギはユニセフ親善大使だし、キム・ミョンゴンは観光文化部（日本の〝庁〟にあたる）の長官、チョ・ジェヒョンは性格俳優としてキム・ギドクの映画でお馴染だ。

それはともかく、『**王の男**』である。『**永遠なる帝国**』より時代はさかのぼる。セジョン大王（ハングルを作った人）から数えて何代目か、ヨンサングンという名高い暴君の時代のこと。宮廷に呼ばれた大道芸人が、悪政をからかい、きわどい風刺劇を演じる。彼らのふるまいを許した暴君にも策略があった。権力争いに巻き込まれた芸人たちは、いかにして生き延びるのか。

この作品、芸人2人にカム・ウソン、イ・ジュンギ、王にチョン・ジニョンという3人の達者な演技力が見る者を圧倒する。

私は『**永遠なる帝国**』を思い出しつつ、『**王の男**』に韓国映画の成熟を見て、うれしく思った次第である。それは、とりもなおさず、韓国社会の民主化の進み具合を示しているからだ。

大ヒットの一因は、権力に対し物言うことができる社会の到来を、韓国の人々が実感しているからだと思う。そういう分析をすることなしに、「嫌い」といっても無意味ではなかろうか。

大阪保険医雑誌　２００６年12月号

COLUMN 2007

連想『夏物語』

イ・ビョンホン主演の韓国映画**『夏物語』**（チョ・グンシク監督）を見ている間、記憶の奥に沈んでいたある映画が思い起こされてならなかった。それは**『サマーストーリー』**（ピアース・ハガート監督／1988年）というイギリス映画である。

〈映画的記憶〉などという用語は、今ははやらないかもしれないが、いっとき映画フリークの間ではよく口にされた言葉である。私たちは生まれてこのかた、たくさんの映画を見てきたわけで、そのためある作品が、先行する他の作品を踏まえて撮っていることがわかるという体験をする。あるいは、未見の古典の引用があるということを知識として得ることもある。新しい作品は、過去の作品が構築してきた膨大な映画的記憶なるものの上に追加される。たとえ原典を知らなくても、観客の共通認識となっている映画の法則・文法といったものが存在する。映画の技法であるオーバーラップやワイプ、アイリスイン／アウトなどは、次の場面が回想や過去の出来事であることを観客に理解させる。

『夏物語』は、私にこの〈映画的記憶〉という言葉を思い出させてくれた。

『夏物語』の英語タイトルは“Once in a Summer”、韓国語の題は**「その年の夏」**で日本題名の**『夏**

物語』の直訳にはならないのだが、夏物語＝サマーストーリーとすると、私の連想は、イギリス映画『**サマーストーリー**』につながるのである（実は、韓国でのワーキングタイトル（仮題）がまさに『ヨルム・イヤギ』＝夏物語だと、あとで教えてもらった）。

『**サマーストーリー**』、それはゴールズワージーの古典的ラブ・ストーリー『林檎の樹』の映画化である。裕福な青年がひと夏を過ごした田舎で、ある娘と恋仲になるが、結局、彼は彼女を捨て、そのことで一生後悔の涙にくれるという、よくあるパターン。こう書くと身も蓋もないのだが、映画『**サマーストーリー**』は極上の悲恋もので、私でさえ泣いたのである。しかも、この映画には特別の思い入れがある。それは、私がこの作品の関西公開時の宣伝を担当していたからである。

当時、イギリスのイケメンたちの映画が人気で『**眺めのいい部屋**』『**アナザー・カントリー**』『**モーリス**』などがミニシアターで公開されていた。『**サマーストーリー**』も『**モーリス**』に出ていたジェームズ・ウィルビィが主演なので、彼で売るべく、最初に作られたポスターは彼を中心としたデザインだった。しかし映画を見たら、ヒロインのイモジェン・スタッブスの可憐さが印象に残るのである。これは、彼女をクローズアップしてほしい。東京の宣伝部に掛け合うと、やはりそういう意見が出たのか、もう1種類、彼女をメインにしたポスターができてきた。

関西では今はなき三越劇場での公開が決まり、小予算ながら新聞広告も出すということになり、ここで関西だけの惹句（キャッチコピー）を作っていいという許可をもらった。

私が作ったコピーは、今でも覚えている。

できるならば私を許してほしい。
ひと夏の恋に燃え、逝ってしまった
美しいひと

そしてサブタイトルとして〈林檎の樹〉を入れることにした。原作の知名度を使わない手はないだろうと思ったことと、この原作ではヒロインが死ぬことは自明なので隠さない方がいいと考えたからである。私が『**サマーストーリー**』をすばらしいと思った一番の理由は、ヒロインが決してかわいそうな娘として描かれていない点であった。彼女は自分のしたことの責任は自分で取り、決して男に泣き言をいったりしなかった。毅然として生き、病に倒れたのである。決して後悔はしなかった。後悔したのは生き残った男の方であった。

さてさてこのように書くと、韓国映画『**夏物語**』をご覧になった方は、ふたつの作品の類似に気づかれるのではないだろうか?

60代の大学教授（イ・ビョンホン）は、生涯独身で、学生時代、田舎に奉仕活動に行き、そこで知りあった娘（スエ）と恋に落ちるが、軍事政権下の時代は苛酷で、スエの父が北に逃亡したという理由で、彼女は村からは特別な目で見られていた。秋、大学に帰ったノンポリに近い彼は結局、大学での弾圧でパクられたとき、親のコネで釈放される。たまたま彼に会いに来た娘も警察に捕まり、親のことなどを引き合いにいいかげんな捜査で刑務所に送られる。そのとき、彼は彼女を救えなかったのだ。そして、教授はその後悔を40年間引きずっている……。

チョ・グンシク監督は1968年生まれというから、この映画の青春部分はちょうど監督の生まれたころである。この時代は両親の青春時代になる。また、監督が1988年作品のイギリス映画『**サマーストーリー**』を知っているかどうかはわからない。ひと夏の恋の終わりの物語は無数にあるだろうから。

しかし、この典型的な〝ひと夏の物語〟は、私になつかしい思い出の映画を呼び戻してくれた。

とても私的なシネマガイド　2007年3月号

COLUMN
2007

ユン・イノ監督の新作ロケに

8月1日〜4日、台風到来を尻目にソウルに行ってきた。連日28℃で快適であった。日韓映画バトルがお休みになったので、毎夏のソウル行きは〈仕事〉を兼ねるという言い訳が立ったが、今年は理由なしの遊びである。ただし、ユン・イノ監督が新作『**ザ・ゲーム**』のロケ中で「遊びにおいで」と呼んでくれたので、いそいそと出かけたのである。現在撮影中の映画に日本人スタッフしんすけさんが参加しているので、もっぱら彼が連絡係を務めてくれた。しんすけさんはチョン・ジェウン監督の『**台風太陽**』のスタッフだったのが縁で、アジア映画社の兪澄子さん経由で知りあいになり（といっても私は今回ソウルに着いてはじめて本人と会ったのだが）、いろいろ骨を折ってくれた次第。

2日の夜、東仁川でのロケ現場に行くことになり、地下鉄1号線・国鉄乗り入れの東仁川駅で待ち合わせ。お迎えの車（『**ザ・ゲーム**』のスタッフが使っている）に乗って、まずはスタッフが利用しているという食堂へ。

ユン監督は撮影監督やプロデューサーを次々と紹介してくれる。皆若い。ユン監督がいちばん年上みたいだ。ここでチゲとコングクス（夏にはおいしい豆乳の冷やしうどん）をたらふくごちそうになり、古い町並みの残る地域へ。狭い路地が曲がりくねり、階段が多くて傾斜した地域だ。そこは上から見ると家々の屋上が見渡せ、夕暮れ時はアジョシ、アジュマが屋上の縁台で夕涼みをしているようなところである。

撮影隊は1軒の空き家を借りて屋上にひと部屋を建て増しして、主人公の部屋を作った。カラフルにペインティングされた壁、部屋の中にはスケッチ画や彫像が置かれ、主人公はアーティストらしい。これまでのユン監督作品とは違ったアクション&スリラー映画で、主人公（**『マイ・ブラザー』『地球を守れ』『復讐者に哀れみを』**のシン・ハギュン）と老人（**『グエムル 漢江の怪物』『ほえる犬は噛まない』**のピョン・ヒボン）の脳が入れ替わるというSFチックな設定。ただし、今日の撮影はヤクザ（ソン・ヒョンジュ）が路地裏で殺されるシーンなので、主役の出番はなし。

撮影中のユン・イノ監督

私たちは、スタッフが準備する間、主人公の部屋のある屋上で待っていた。スタッフがジュースを差し入れてくれる。暗くなるにつれて蚊が出てきたので、目ざとく見つけた蚊取り線香に火をつける。

下の方を見ると数十名の若いスタッフが忙しく立ち働き、近所の人々も好奇心に満ちみちた表情で覗いている。路地の撮影はカメラ2台を同時にまわして一気に撮るという。狭いので監督たちは少し離れたところに設置したモニターを見ている。血糊と雨降らしのシーンなので、一発で成功させないとたいへんだ。ソン・ヒョンジュさんは背中の破れたシャツを着ている。どうやら身体にぴったりのシャツなので血糊の袋をひそませるとシャツのボタンがはまらないらしい。それで背中の部分をあけたのだ。背広を着るから、そこは破れていても見えないということだろう。それにしても良い身体の持ち主。にこにこと愛嬌があって怖いヤクザのタイプではない。テレビドラマ「ラブレター」でペドロ神父になっていたと韓流ドラマに詳しい友人が言う。顔は見たことあるけど何に出ていた人だか……(チャン・ジン監督の『**ガン&トークス**』に出てた人だった)。

本番はこれからというときに帰りの電車の時間が来て、泣く泣くロケ現場をあとにした。すでに10時半だ。これから深夜まで撮影が続くのだ。公開は12月とのことなので、また大挙して劇場に見に来よう。ユン監督、しんすけさん、ありがとう。

今回のソウルで会った偶然の出来事。清渓川《チョンゲチョン》散策中に身障者のグループとすれ違った。あれ、どこかで見たひとだなあ、と思って気づいたのだけれど、オムニバス映画『**もし、あなたなら～6つの視線**』の中の一篇「大陸横断」に主演していたキム・ムンジュさんだった。車椅子に乗って行動する彼らの元気な姿を見てうれしかった。ソウルの街は少しずつバリアフリーが進んでいる。

映画は、イ・チャンドン監督の『**密陽**』(公開タイトル『**シークレットサンシャイン**』)と、キム・ジフン監督の『**華麗なる休暇**』（公開タイトル『**光州5・18**』）を見た。子どもを誘拐され殺された母が宗教団体の熱心な信者になるが、犯人に面会に行くと相手も宗教により心穏やかになっていると知り、ショックを受ける。セリフがわからないのでつらいが、チョン・ドヨンの熱演はよくわかる。彼女を支える男、ソン・ガンホの受けの演技もよかった。「密陽《ミリャン》」は地名なのだが、英語でsecret sunshineと訳されると意味深な感じ。後者は1980年の光州《クァンジュ》事件を真正面から再現した大作で、アン・ソンギ、キム・サンギョン、イ・ジュンギ、イ・ヨウォンら豪華キャストであった。これはセリフがわからなくてもよくわかる。それもそのはず、日本のちょっと昔の社会派映画そっくりの作りなのだ。韓国は今こそあの時代が描ける。そういう意味で映画は時代の鏡である。

とても私的なシネマガイド　2007年7月号

2007

ベルリンで開かれたアジア女性映画祭

ドイツ・ベルリンで9月8日から3日まで開かれた〈アジア女性映画祭〉。〈アジア〉〈女性〉をキーワードとした映画祭がヨーロッパで行われるのは珍しく、ベルリンではは じめてという。日本や韓国、中国、ベトナムなど計8ヵ国・地域の作品が8本出品され、ジャンルも長編からドキュメンタリー、短編、韓国古典(これのみ男性監督作品)と幅広い。シンポジウムも行われた。

主催は社団法人ベルリン・コリアン女性グループ。イベントの中心となったユ・ジョンスクさんは趣旨をこう話す。

「私は大学の卒論を書くため留学し、そのまま住んでいます。娘もドイツで生まれました。1960～70年代、多くの韓国女性がドイツに看護師、介護士として来ており、今、2世が多いのです。その人たちに祖国の文化に触れてほしいと思っていました。また、〈ソウル国際女性映画祭〉(女性の視点を打ち出している映画祭)の代表、イ・ヘギョンさんとは大学の同窓生で、いつかベルリン版をしてみたい、と話していました。そんなとき、アジア太平洋地域の文化などを紹介する『アジアーパシフィック週間』の中で〈アジア女性映画祭〉という企画が浮上したのです」

実は、作品は韓国映画が中心だ。裏にはそんな事情もあった。

会場は、ベルリン・ポツダム広場の映画博物館地下にある劇場アルゼナル2館。担当者によると、入りは悪くなく、第1回としては大成功ではないかとのこと。とりわけ韓国映画には大勢の在独コリアンが詰めかけ、結束の強さを見せてくれた。もちろん、各国のボランティア（男性も多数）も盛り上げたのだが……。

日本人ボランティアとして通訳などを担当した池永記代美さんは「ベルリンには日本人女性グループもあり、活動や交流もしているが、いつもパワーに圧倒されています」という。遠く離れた、ヨーロッパの地でもコリアンパワーは際立っていた。

〈アジア女性映画祭〉は、韓国映画の古典を除いてすべて女性監督作品で占められた。「これまでのステレオタイプにバツ印をつけ、多層的で、矛盾に満ちたアジア像を対置したい」というコンセプトで選ばれた作品群だ。能動的でときには犯罪にかかわるヒロイン像、反対に、屈強でない男性像への応援歌など。

目立ったのは、女性同士の愛を描いた作品で、描き方も一様ではないようだ。中国の『**今年夏天**』は映像が醸す空気感がすばらしく、よくこんな作品が中国で撮れたと思う。主演女優、シー・トーさんは「一般公開はできないし、特別な上映会でも、しばしば禁止される」と語る。それでも作り、上映する——と。シ

パワフルなユ・ジョンスクさん

ンポジウム「アジアの女性映画人が生き残るために」では、『**ディア・ピョンヤン**』で知られる在日コリアン2世のヤン・ヨンヒ監督が「日本では実績のある監督にしか公的支援が出ない。私の場合、題名からして親北朝鮮の映画かともいわれ、資金集めは大変だった。それは男性監督も同じ。私自身は〝女性監督〟というカテゴリーに入れられたくない」と発言。〈ソウル国際女性映画祭〉の代表、イ・ヘギョンさんは「男性が男性監督といわれず、女性だけが女性監督と呼ばれる間は、まだ女性監督がマイノリティだから。それゆえフェミニズムの視点は必要だし、他の社会的マイノリティとの連帯も必要」と応じ、ヤン監督も「そういう意味なら同意する」と言って、会場は笑いに包まれた。

「韓国では政府が映画への援助をしているが、映画会社はもうかるかどうかという話ばかり。ずっと自己資金で撮ってきたが、疲れたので今回はファンドを探した」と、『**ショッキング・ファミリー**』のキョンスン監督。家族制度の矛盾を笑えるドキュメンタリーとして自作自演したキョンスン監督は、自らの姓を捨て、名前だけを名乗る。

映画祭は、国籍・民族・人種を越え、映画の力、女性の力を再確認する場となった。

クロージング上映されたのは、韓国女性監督のオンニ（お姉さん）、イム・スルレ監督の『**ワイキキ・ブラ**

アジア女性映画祭スタッフの矢嶋宰さん、池永記代美さん、ゲストのヤン・ヨンヒ監督と

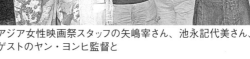

ザース』。しょぼい中年男のミュージシャンたちを描いたこの作品は再見であるが、マッチョとはほど遠い男たちへの愛情あふれる描写に胸が熱くなる。ジョンスクさんたちがこの作品を選んだのは、女性監督＝女性を描く作品ではないというアピールでもあろう。

韓国から来たゲスト、キム・ミレ監督は『**NOGADA**』（日本語の「土方」が語源）というドキュメンタリーを日韓共同で作り、日本でも撮影した。そのとき通訳をした女性は、私の友人でもあった。『**ショッキング・ファミリー**』のキョンスン監督は、去年、豊中の〈おんなたちの映像祭〉で会った人。〈ソウル国際女性映画祭〉代表のイ・ヘギョンさんは「来年の〈ソウル国際女性映画祭〉は10回目だからぜひいらっしゃい」と言ってくれる。こんなふうにして友だちの輪が広がっていく。

12回目を迎えた〈釜山《プサン》国際映画祭〉は、観客数も過去最高の１万８６０３人と発表された。今回は後半の日程で行ったので、スターたちはあらかた帰ったあとで、追っかけの人も消えて静かだった。それでも海雲台《ヘウンデ》のビーチには、〈カンヌ国際映画祭〉みたいに映画祭のパビリオンやらテントが立ち並び、町全体で映画祭を演出する。

「開会式直後をおそった台風の影響でＰＩＦＦセンターに雨漏りした」というのが来年への改善点として、映画祭最後のプレスリリースに載っているのは、むしろほほ笑ましい。記者会見場で、私が釜山に来るきっかけを作ってくれたプログラマー（ワールドシネマ担当）のジェイ・ジョンさん（チョン・ヤンジュン現〈釜山国際映画祭〉執行委員長）とばったり。「覚えてる？　オーバーハウゼンで会って、私を釜山に招待してくれたのよ」と言うと「ロングタイムアゴーだね」とジェイ・ジョンさん。本当にこの10年の発展はめざましい。

去年〈大阪アジアン映画祭〉にゲストで来たホン・ヒョスクさんにも会った。彼女は〈ワイド・アングル〉のプログラマーで、毎年優れたドキュメンタリーを選んでいる。今年も、スパイという冤罪で獄中につながれたファミリーの現在を撮った『**無実**』とか、新たな売春防止法ができた今、売春婦たちの声を集めた『**オンニ**』など、意欲的な韓国のドキュメンタリーが上映された。

アットランダムに選んだ作品の中で印象に残ったのは、ロシアの『**流刑**』（公開タイトル『**エレナの惑い**』）。『**父、帰る**』のアンドレイ・ズヴャギンツェフ監督の新作で、ウィリアム・サローヤンの『The Laughing Matter』（邦訳『どこかで笑ってる』）を翻案したもの。夫婦と子ども2人の家族。妻が妊娠したことを打ち明け、自分の子でないと知った夫は、もぐりの医者に中絶させるが、妻は死んでしまう。夫が相手の男を訪ねると、「あれは君の子ども。彼女は望まない子どもは自分の子だと言えないと言っていた」と言う。時すでに遅し、という話だが、これは前作同様、ロシアの現実のメタファーと読めてしまう。ソ連崩壊で失ったものも多い。また、すべてのことを男どもだけで処理しようとするのも意味深だ。

大阪民主新報　２００７年11月11日他

COLUMN
2007

ベルリン7日間乗り放題チケット

9月18日から23日までベルリンに行ってきた。ベルリン在住の池永記代美さんからメールが来て「ベルリンでアジアの女性監督作品を集めた映画祭をするので、何か日本映画の情報を」というのが発端だ。いろいろ候補作を挙げたけど、決まったのは別の作品だった（すでにドイツ語もしくは英語字幕付きがあるものが選ばれた由）。「そのことはかまわないけど、協力したのだからゲストで呼んでよ、ヒコーキ代は出すから」とダメモトのメールを送ったら、なんと「それはありがたい、ぜひ来てくれ」と先方の主催者が言ってくれた。それでホイホイ行ったのである。仕事は日本作品上映後のトークをしてくれというもの。あとはフリー、といううれしいスケジュールである。映画祭は連日夕方から夜の上映なので、朝と昼は観光タイムとして、毎日ベルリン歩きを楽しんだ。はじめての町なのにすごく動きやすくてすぐ馴染んだ。というのも旅行者に親切な7日間有効のチケットがあるからだ。25・40ユーロ（4200円）で地下鉄、市電、バス、トラム乗り放題。しかも交通の便は非常に良く、乗り換えもスムーズ。私は地図を見ながらいろんな地区を訪ねた。

私に用意してくれたモーテルはクロイツベルク地区にあり、映画祭会場はポツダム広場という中心街の映画博物館にあるキノ・アルゼナルなので、最終的に夕方ポツダム広場に着けばよい。それで毎日違うコースでまわった。

最寄り駅はモーリッツプラッツ（地下鉄、バスとも）。29番バスに乗るとコストナーという駅がチェックポイント・チャーリーに近い。とりあえずは東西ベルリンの境目を見に行かなくては。同じところにベルリンの壁博物館もある。またバスに乗ってアンハルター・バーンホフでSバーンに乗り換えるとポツダマー・プラッツ（ポツダム広場）までひと駅だ。しかし、その先の駅はウンター・デン・リンデンである。この大通りのブランデンブルク門を見なければ。旧東ドイツの映画**『未来は我らのもの』**を見て以来、ウンター・デン・リンデン通りを歩くのが夢だった。リープクネヒトとルクセンブルクを描いた作品で、私は映画の採録を入れたパンフを作ったので、この通りの名前を覚えたのだ。

門の向こうにソビエト戦勝記念碑が見える。この門の側に建つのが由緒正しいホテル・アドロン。今、その側にアメリカ大使館が建設中という。その側にホロコーストのモニュメントが建てられている。まだできたばかりで、私のガイドブック（ワールドカップの2005年版）には載っていない。ただの広い空き地だったそうだ。コンクリートのお墓のような長方形が何百も並ぶ、ちょっと重苦しいモニュメントだ。その前にできた通りは、ハンナ・アーレント通りとなっていた。モニュメントのあるところから広い通りを西側に越えると、そこは広大なティーアガルテンという、公園というか森である。その方面には別の日に行く。

今度はUバーンという電車に乗って、オスト（東）駅、アレクサンダープラッツ駅、ハッケシャーマルクト駅、フリードリッヒシュトラーセ駅と旧東ベルリン地域を各駅停車で見ていく。ハッケシャーマルクト駅が気に入った。いかにも駅、という感じの駅なのだ。今はおしゃれな観光スポットだという。オスト駅はベルリンの壁を残してイラストを描いたイーストサイドギャラリーのあるところ。ハッケシャーマルクトとフリードリッヒシュトラーセの間に博物館島があり、このあたりはトラムが走っているので、それにも乗ってみた。ゆっくり街が見れる。

ある日は、1日でいくつもの博物館が見られるという共通切符を買って、なんと5つの美術館・博物館をまわってくたくたになった。根が貧乏性でケチなのだわ。フリードリッヒシュトラーセからさらにひと駅行くと、ハウプトバーンホフという名前に変わった大きな駅である。地方に行く中央駅だ。ここにハンブルガー・バーンホフ美術館がある。昔の駅舎を美術館にしている。ここは他の美術館とは離れているが、一見の価値はあった。博物館島にあるボーデ美術館にはクラ

ベルリンの壁を残してイラストを描いたイーストサイドギャラリー

ナッハの「アダムとイヴ」がひっそりと掛けられてあった。日本ではよく本の表紙とかになってるが、クラナッハの「アダムとイヴ」は何種類もあって、これもそのうちの1枚とか。

さてUバーンのティーアガルテン駅、ツォーロギッシャーガルテン駅（これは動物園駅として知られる）の方にも行かなければ。こちらはクーダム地区と呼ばれる旧西ベルリンの繁華街。今は高級ブランド街で、私には魅力がないが、ケーテ・コルビッツ美術館がこっちの地域にあるのだからしかたない。そこだけ静謐な空気につつまれた小さな個人美術館だった。

最後に、全然方向の違うところにあるけど、メルキッシュ博物館という、駅名にもなっている博物館へ行く。わかりにくい。なんと古い屋敷が博物館になっているのだが、表の扉は閉まっているし、入っていくとおじいさんがモギリをやっていて、お客はほとんどいない。まったく商売気のないところだった。しかし昔のドイツの生活がわかる。のぞき眼鏡で見る立体写真に狂喜して、全部見ようとがんばったけど、途中で疲れた。これを見るだけでも値打ちがある。ぜひ探して行ってほしい。ガイドブックに☆ひとつしかついていないのは、なんでや。

すっかりベルリン贔屓になった私。呼んでくれた池永さん、ユ・ジョンスクさん、ありがとう。

とても私的なシネマガイド　２００７年10月号

2008

はじめて全州国際映画祭に

5月1日から9日まで開催された〈第9回全州《チョンジュ》国際映画祭〉に行ってきた。この映画祭は釜山《プサン》についで大きい韓国の国際映画祭で、私ははじめての参加。というのも、全州は人口60万強の全羅北道《チョルラプクト》の首都で、仁川《インチョン》国際空港から高速バスで4時間かかるので、躊躇していたのだ。結果はやはり無理して行くだけの価値がある催しだった。

全州の特徴は、デジタルシネマも大いに歓迎、未来志向の映画祭であること。といっても過去にも目配りして、今年はベトナム映画や中央アジア（旧ソ連）の映画が特集上映された。監督の特集はハンガリーの巨匠タル・ベーラ。

市民と密着型のプログラムとしては、駐車場がJIFFスペースになって観客の集う場所になり、毎夜そこで野外上映されるプログラムは無料で市民に開放されている。老いも若きも出入り自由な気楽さだ。ロックバンドの演奏のあと上映された『**ハッピーライフ**』（韓国／『**王の男**』のイ・ジュニク監督、公開タイトル『**楽しき人生**』）は、友人の死をきっかけに高校時代の仲間が集まってバンドを再結成する〈おじさんバンド〉の話で、先に演奏したメンバーも映画にゲスト出演していた。

全州市は伝統韓屋村《ハノクマウル》が残っている古都である一方、若者が集うファッションストリート、その名も〈歩いてみたい通り〉とか、映画祭の会場になっている〈シネマストリート〉など、流行の先端を行く地域もある都市で、古いものと新しいものの共存が魅力的である。私たちがホテルから会場に行くまでの道には、アーティスティックなオブジェで飾られた通りがあり、看板やビルの壁面を彩っていた。絵を描いたドラム缶に植樹して道端に並べてあった。近くに芸術大学があるのだろう。

全州のもうひとつの魅力は全州ピビンバに代表される食文化。誰もが全州は韓国でいちばんおいしいところという。確かに何を食べてもおいしくて安い。母酒《モジュ》という甘いお酒もはじめて味わった。

今回のクロージング上映に選ばれた作品は『**もし、あなたなら4〜視線1318**』。これは、私たちの会社キノ・キネマが配給した『**もし、あなたなら〜6つの視線**』と同じく、韓国人権委員会が製作したオムニバス映画の新作だ。人権委員会はこれまで「もし、あなたなら」シリーズを4本作り、他にもアニメ版「もし、あなたなら」も作った。国のプロジェクトで、人権意識を高めようとして始まったものである。

閉会式より前にプレス試写会が開かれ、記者会見も行われた。会場に行ってびっくり、旧知のプロデューサー、イ・ジンスク

記者会見の会場で出会ったイ・ジンスクさん（左）。こんな偶然の再会も映画祭の楽しみのひとつ

さんがいるではないか。向こうも驚いて、早速一緒に晩ごはんを食べに行こうということになった。
タイトルの「視線１３１８」の意味は、特に13歳から18歳の青少年の悩みを描くというテーマに絞っているからだそうで、５人の監督が20～30分の短編を作ったオムニバスだ。日本以上に学歴偏重で成績重視、受験地獄といわれる韓国の少年少女たちへエールを送るこの作品は、未来志向の〈全州国際映画祭〉にふさわしいものだった。

大阪民主新報　２００８年５月18日

COLUMN 2008

大好きなイム・スルレ監督

〈あいち国際女性映画祭〉で見た韓国映画**『私たちの生涯最高の瞬間』**は、いちばん人気の観客賞を受賞した。２００４年のアテネ・オリンピックで銀メダルを受賞した韓国女子ハンドボール選手たちの姿をとらえた映画であるが、イム・スルレ監督は、オリンピックには関心がない。ナショナルフラッグを背負ってとかいう、どこかの国の選手や監督のような人は出てこない。

ベテラン選手であるミスク（ムン・ソリ）は、幼い息子を練習場に連れてきている。夫は借金に追われて逃亡中。クラブチームが解散し、スーパーの売り子をしなければならない。そんな時、強化チームに誘ったのは、かつてのライバルで今は監督代理を務めるヘギョン（キム・ジョンウン）。オリンピックに勝てば賞金がもらえるというので参加するミスク。前金をくれというとヘギョンが段取り

イム・スルレ監督と。ソウルにて

してきた。成績が上がれば監督にすると言った協会側は、新監督に男性のスンピル（オム・テウン）を連れてくる。もとスター・プレイヤーだ。スンピルはヨーロッパ式の管理で選手をコントロールしようとして反発を買う。選手たちにも世代間の差異があり、喧嘩が絶えない。そんなチームだが次第にまとまってきて、決勝に進出。

結果は再々延長戦で惜しくも破れて優勝を逃すのだが、先に書いたようにイム・スルレの関心はオリンピックでも勝敗でもなく、一生懸命生きる女性たちの姿を描くことにある。そして、どれほどの差別が女性たちの上にのしかかっているのかを丁寧にすくいだす。

ヘギョンは監督に昇進できず、男性監督が指名されたとき、離婚歴を指摘される。男性監督なら、そんなことが問題になるだろうか。プライドを捨てて選手に復帰したヘギョンが子どもの病気で練習に遅れたとき、スンピルは怒る。するとミスクはスンピル監督に「子どもが熱を出して放っておける親はいない」と言う。

もちろん、彼女は子連れ出勤（いや練習）もとがめられるが、誰が保育所の送り迎えをしてくれるというの、と突っぱねる。夫婦ラブラブなのに子どもができない選手は、長年ピルを飲んで生理日を変えてきたせいだという。ブラインドデートに行った若い選手は、いわゆる〝女の魅力〟に欠けると振られる。その他、その他。どれもが女性なら思い当たる性差別ばかりだ。だから、最後の試合で勝とうが負けようが、選手は尊い。涙なしに見られなかった。イム監督は本当にフェミニストだ。観客席の隣にいたイム監督を思わずハグしてしまった。ありがとう。こんなステキな映画を作ってくれて。

（出典不詳）

2008

海雲台ビーチでカザフの俳優さんと会う

毎年10月恒例の〈釜山《プサン》国際映画祭〉行きであるが、今年は前半の日程（10月2日～10日）で参加した。アジア最大の国際映画祭に成長した〈釜山国際映画祭〉（ＰＩＦＦ）は今年で13回目を迎えた。徐々に南浦洞《ナンポドン》から海雲台《ヘウンデ》地区にメイン会場を移し、今年はメガバックス、プリムスシネマの他にロッテシネマというできたばかりのシネコンも会場となっていた。名前の通りロッテデパートの中にある映画館だ。この3会場をまわるシャトルバスまで準備してのサービスはありがたい。

例年にもまして興味深いプログラムがあった。〈韓国映画の今日〉部門は、韓国で活躍めざましい女性監督作品を多く取りあげた。代表格のイム・スルレ監督**『私たちの生涯最高の瞬間』**をはじめ、イ・ギョンミ監督**『クラッシュ・アンド・ブラッシュ』**、プ・ジヨン監督**『シスターズ・オン・ザ・ロード』**など20作品中7人が女性監督で、イム監督ら3人を囲んでの野外でのトークショーも開かれた。

旧友のイム監督作品は既に〈あいち国際女性映画祭２００８〉で見ていたので、私はトークショーにだけ参加しようと思っていた。ところが、同じ時間帯に見逃したくない**『3×FTM』**（キム・イラン監督）というトランスジェンダーの人々を描いたドキュメンタリーがダブっていたので、上映終了後にかけつけることにした。ところが上映時間が意外と長く、終わってから、浜辺のオープンカフェまで走って行ったのに、行事は終了していた。残念！　気を取り直してイム監督に携帯電話をかけてみると、会いたいと言ってくれ、結局翌日ホテルで朝食をともにすることができた。

『私たちの生涯最高の瞬間』は、オリンピックに出たハンドボールの女子選手たちが、国のためなどではなく自分たちの思いを実現するために奮闘する姿を描いた作品で、本国で大ヒットし、その後、全州《チョンジュ》、上海、あいち、東京、台湾など国際映画祭でひっぱりだこ。ここ釜山でもやはり本年の話題作として取りあげられた。そんなイム監督は、韓国人権委員会から依頼されて、子どもの教育問題などをテーマにした作品を準備していて多忙だという。

思えば、彼女と私が知り合ったのも、同じ韓国人権委員会が製作した人権映画のプロジェクト第1作**『もし、あなたなら～6つの視線』**を通してだ。この第1作は6人の監督のオムニバスでイム監督も参加し、外見を重視する韓国社会を皮肉ったコメディ「彼女の重さ」を作った。今度は、今の学歴社会、受験競争などで子どもが苦しんでいる状況を取りあげる。

「このシリーズはずっと短編のオムニバスでシリーズ化してきたけど、今度は長編*をひとりで任される。だから複数のテーマをいれるつもり」とイム監督。彼女の演出力もすばらしいが、私は、彼女の作品がいつも社会的マイノリティへやさしいまなざしをむけているところに感動してきた。次回にも期待がふくらむ。

会話は雄弁（英語、韓国語、日本語ちゃんぽんで）とはいかないけど、ハグするだけで気持ちが通じる。イム監督と同じように仲良しのチョン・ジェウン監督（**『子猫をお願い』**）とも釜山で再会。ついこの間、大阪で会ったばかりである。彼女も次回作のためのミーティングに来ていた。以前に書いたシナリオをリライトして韓国と日本の共同作品にしたいと思っている。こちらも期待大である。チョン監督は、私がメンバーの一員である〈女たちの映像祭・大阪２００９〉の支援のため、韓国映画振興委員会（ＫＯＦＩＣ）の人を紹介してくれた。こうして交流の輪が広がっていく。

夜の居酒屋でばったり会ったのは阪本順治監督。私がコーディネートしてきた〈日韓映画バトル〉の日本側代表だ。この催しは5年で終わったけれど、阪本監督はずっと韓国映画人と交流を続けている。**『闇の子供たち』**はよくがんばられましたね」とねぎらうと「何か学校で〈よくできました〉とハンコを押してもらったみたい」と喜んでくれた。

今回見た映画の中でいちばん印象的だったのはカザフスタン、ロシアなどの合作映画**『スターリンの贈り物』**（ルステム・アブドラシェフ監督）。１９４９年のカザフスタンで、みなしごになったユダヤ人の少年をカザフ人のおじいさんやロシア人の女性が育てるという作品で、この当時のカザフタンには10もの民族が平和的に共存していたことを知らせてくれる。旧ソ連の良き部分、しかし、スターリンは、多くのカザフスタン住民が被爆者となったソ連初の地下核実験という、ありがたくない贈り物もくれたのであった。

海辺で出会った『スターリンの贈り物』の主演俳優たち

帰る日の朝にビーチを散歩していると、この映画の主演俳優のカザフ人のおじいさんが歩いてくるではないか。思わずつたないロシア語で話しかけると、先方は喜んで、そばにいた少年俳優も呼んでくれ、3人一緒の写真を撮らせてくれた。彼は「こっちはドラマだが、もう1本、コメディにも出ているから見てくれ」というようなことを言った。もう見る時間がない。でもいつかどこかで見ることができるだろう。そんなふうにして映画と出会い、人と出会ってきたのだから。映画祭という幸せな空間を満喫した5日間だった。

大阪民主新報　２００8年10月19日

＊『飛べ、ペンギン』のこと。

COLUMN 2008

映画にみるパターナリズム

中西正司・上野千鶴子『当事者主権』（岩波新書）という本で〈パターナリズム〉という言葉を知って以来、いままでモヤモヤしていたこの居心地の悪さは何やねん、ということがいっぺんに氷解した。すべての元凶はこれだったのだ！　というくらい明晰になって、これで悩まされていた私と私の友だちの間では、流行語になっている。これもパターナリズム、それもパターナリズムってくらい、世の中に充満しているイズムである。

〈パターナリズム〉は、大阪弁で言うと「私の方がエライんやから、あんたは心配せんと、私の言う通りしてたらエエねん。悪いようにはせえへんさかい」という考え方である。「家父長的温情主義」とも訳すらしい。

たまたま〈『第二の性』を原文で読み直す会〉が訳した『【決定版】第二の性』を読んでいたら、ありましたねえ、家父長的温情主義という語が。（「事実と神話」28ページ）おそらく原文はパターナリズムだ。旧版の生島遼一訳では〈保護主義〉となっている。そもそも〈読み直す会〉が新訳をしたのは、この生島訳が、出版された当時の訳語の限界もあり、さらには生島さんが男性であるからして〈わかっていない〉点があるということだった。それと旧版は、有名な「人は女に生まれるのではない、女になるのだ」という書き出しが載っている「体験」の部分を最初にもってくるという、構成がオリジナルと違うところも「決定版」はもとに戻している。構成順を変えたことを、生島さんが、このほうが読者に読みやすいだろうと考えてこうした、とあとがきに書いている。これが家父長的温情主義＝パターナリズムなのである。だから当事者である女たちのグループが訳し直した。ほら、わかりやすい事例でしょ。

そんなわけで、〈パターナリズム〉という鋭利なナイフを手に入れた私は、いろんなものを切っていくと、ああら不思議、メチャ良く切れるんですね。まったく、あらゆる映画をこの角度で切りまくれるではありませんか！

ちなみに私のだぁい好き（反語）な山田洋次監督の作品なんて、〈パターナリズム〉のオンパレードなんですわ。一例をあげると『**学校**』シリーズ、第1作。

文字を覚えた夜間中学生の中年男・田中邦衛は、美しい竹下景子先生にラブレターを書き、困った竹下先生は、同僚の西田敏行先生に相談に行く。西田先生いわく「ボクにまかせなさい。こんなことは男同士、話せばわかる」。ね！

『**男はつらいよ**』シリーズはすべてパターナリズムで成っていると言ってもさしつかえないだろう。このシリーズでは〈パターナリズム〉を発揮するのは妹・さくら（倍賞千恵子）で、頭の悪いお兄ちゃん・寅さん（渥美清）のために「よかれ」と思うことを先回りしてやってしまう。その結果、寅さんは失恋する、というのがパターンだ。あ、このパターンとパターナリズムは語源が違います。パターナリズムは、パーター、ペーター、ファーザー、パパ、すなわち父という意味が入っているのです。だから「家父長的温情主義」という訳になっている。

というわけで、この言葉を知って、なぜ、私がここまで山田洋次を天敵として愛しているか、ようくわかったのである。当事者を差し置いて、自分の方がうまく処理できるからまかせろ、という思想が、山田洋次の核だったのだ。これはまた、男の方が女よりエライと思っている男のいちばんよくあるタイプであり、職場やグループの中では、上司とか先輩（男女を問わず）がよくやる思考方法なんである。そいつが、いちばん気持ち悪いんだわ、私には。

では、ついでに他の作品も切ってみましょう。

吉永小百合、竹中直人主演の**『まぼろしの邪馬台国』**（堤幸彦監督）。実在の盲目の歴史家とその妻の夫婦愛の物語らしいが、とんでもないカップルで、男は黙ってオレについて来いタイプ、女は従い支えるのが愛と思っている。男の前妻は逃げ出したので、吉永は後妻となって、前妻の子2人も育てる。まあ自分が好んでそうしたいなら勝手にしてね、であるが、嫌らしいのは、この前妻と後妻が、男の葬式で対面する場面。前妻・余貴美子はソバージュヘアをなびかせ、水商売の衣装のまま来たかというファッションであらわれ、楚々たる後妻・吉永に手をついて「あなたこそ、この子らの母親、私は失格です」と叫ばせる。おーい、こんな席に来るとき、仕事をしている（ましてや客商売）女性ならTPOを考えた格好で来るもんでっせ。なんたる非常識。スタッフたちの女性を2パターンに分ける古くさい頭にも驚くが、その後がまたすごい。ずっとこの夫婦に援助してきた地元銀行の頭取・江守徹が吉永に言うの。「これからはワシが面倒みちゃるから、心配せんでもええで」。そのまんまパターナリズムのお言葉です。

当分、このナイフ離せません。

とても私的なシネマガイド　2008年12月号

COLUMN 2009

続・パターナリズム〜『グラン・トリノ』

キネマ旬報誌でオールタイムのベスト映画を選出した中にクリント・イーストウッド監督／主演『**グラン・トリノ**』が入選しているという。これは大いなるパターナリズム映画であると私は思う。世の中には、いかにパターナリズムを心地よく受け入れる人たちが存在することか！　映画の内容を少し詳細に書いてみたい。

ミシガン州の地方都市。朝鮮戦争の帰還兵ウォルト・コワルスキー（イーストウッド）はフォード社を退職し、妻も既に亡くなり愛犬と暮らしている。息子夫婦とも不仲で疎遠だ。近所にアジア系モン族移民が引っ越してくる。タカ派の彼は不快きわまりない。その家のおとなしい少年タオは、同じモン族の不良グループに、ウォルトの所有する1972年製グラン・トリノを盗むよう強要される。タオはウォルトに見つけられ、銃を突きつけられる。やがてウォルトは、この少年を〈男〉にしてやることに自分の生き甲斐を見いだす。近所の散髪屋での〈男同士の会話〉＝相手をののしるとか、エロ話＝の仕方を教える。

タオの姉スーが不良どもにレイプされたことを知り、決着をつけるべく彼が選んだ方法とは？

（以下、ネタバレするので、知りたくない人は読まないで）

ウォルトは、余命いくばくもない病に冒されていた。どうせ死ぬのであればその死を利用したいと考え、不良どものもとに行く。ポケットに手を入れたウォルトを見て、不良どもは撃たれると思い込み、殺しにかかるだろう。しかし、ウォルトがポケットから出したのは銃ではない。だが思った通りバカな奴らは彼を殺す。先にウォルトが撃ったなら正当防衛も成り立つかもしれないが、彼は素手だったのだ。間違ったという言い逃れを許さない状況にして、自分が殺されれば〈第一級殺人罪〉で不良どもは厳罰を受けムショに送られる。こうして周到に準備した〈死〉によって彼は幸せな最期を迎えるのだ。あたかも十字架のキリストのごとき両手を広げた死体は自己満足で輝いている！

ウォルトは、コワルスキーという姓から想像するにユダヤ人の家系であろう。子どものとき、両親とナチスから逃れるため、ヨーロッパから合衆国に来た移民世代かもしれない。フォード社は、かつては憧れの企業であったろうが、今はリストラの嵐が吹いているだろう。彼が退職したのは10年ほど前だろうか。マイケル・ムーア監督が『**ロジャー&ミー**』でゼネラルモーター社のリストラに抗議したのは１９８０年代の終わりである。そのころから自動車産業で栄えた町は荒廃し始めた。またウォルトは朝鮮戦争に従軍したという設定である。言葉もわからぬアジアで、おかしな黄色人種を殺したことであろう。ベトナム戦争には行かなかったかもしれぬが、ずっと有色人種は不気味な存在だろう。それが隣家に住んでしまう時代だ。そして、それなりに近所づきあいすれば、悪い奴らでもなさそうに思えてきたであろう。タオを〈男〉にしてやることは、自分の息子の教育に失敗したことに比べるとたやすそうだ。おとなしい子だから〈男らしく〉してやらないと。喧嘩にも勝つように、などと考えたのであろう。ここらへんでウォルトの中の〈パターナリズム〉が目覚めた。有色人種への偏見より、彼の〈家父長〉意識がまさったのである。だが、スーが酷い目に遭ったのは、もともと、ウォルトのおせっかいが原因なのである。そのことにはまったく思い至らず、かっこいい復讐の仕方で、自分の家父長たる証《あかし》を示すことに意義を見いだす。

モン族はラオス、ベトナム、カンボジア、タイ、中国南部などに暮らす少数民族であるが、ベトナム戦争時、アメリカ軍に協力したことでラオスを追われたモン族の一部が、合衆国に移民して来たという歴史がある。ウォルトが、そうした歴史を知っているかどうか定かではないが、イーストウッド監督が、アジア系住民の中からモン族を選んだのには理由があるのだろうか。

朝鮮戦争従軍というウォルトは、コミュニスト嫌いであろう。すると、ベトナム民族解放戦線のことをベト・コンと呼んだり、コミュニストの頭文字Cからチャーリーと言ったりしていた一般アメリカ人の感覚のウォルトなら、ベトナム戦争時、コミュニストと戦ったモン族はいい奴〉だというとらえ方をするのかもしれない。などなど、いろいろ含みを持たせた作品であるが、イーストウッド監督が過去描いてきた**『ダーティハリー』**シリーズなども、天に代わって自分が正義の味方として悪い奴をやっつける、という映画が多かったことを思い出すと、この人も〈パターナリズム〉が好きな作家である。

とても私的なシネマガイド　２００９年12月号

COLUMN
2009

韓国の女性映画人たちにエールを

年に何回か韓国へ行って、知り合った映画人とりわけ女性たちとの友情を育てる中で、もっともっと彼女たちの仕事を、大阪の観客に知らせたいという欲望がむくむく湧いてきた。思ったら実行に移すのが私のよいところで、〈韓国女性監督特集〉という上映会を企画、シネ・ヌーヴォXで12月19日から25日まで日程を確保したところだ。今回は宣伝も兼ねて韓国女性監督のスケッチをしてみよう。

チミン監督のドキュメンタリー『**ファンボさんに春が来た**』は、70歳になってはじめて字を学び、絵を描き、演劇にも挑戦したファンボ・チュルさんの話である。ファンボさんはファンボ・ヨンとして育ったが、20代で結婚するとき、出生証明書の名前が「チュル」であることを知った。酔っぱらった村長が適当に「チュル」と書いたのだ。このように女の名前は安易に扱われていた。悲惨な過去を乗り越えて、ファンボさんは次第に自己を取りもどしていく。書くことや演劇は生き甲斐となる。ファンボさんは晴れやかにほほ笑んで言う。「今がいちばん幸せ」と。ステキなファンボさんの笑顔。

チミン監督は、ファンボさんと識字学校で出会ったときのことをこう語る。

「第一印象はとても明るい人。彼女は一生懸命ハングルを勉強していました。私たちは多くの時間を共に過ごし、親しくなっていきました。老人である自分を愛し、自立して生きるファンボさんが大好きになりました。それで私はどうしてもカメラで彼女のことを撮りたくなったのです。彼女の日常生活と過去の人生を通して、女性にとって老いるとはどういうことなのか、ファンボさんはなぜこのように幸せな人生を送ることができるのか、問いかけたいのです」

まるで孫娘のようなチミン監督と、ファンボさんとの信頼関係があっての映画だと実感する。

ちなみに韓国・朝鮮の姓は金、朴、李など一字姓が多いが、ファンボ（皇甫）のような二字姓もある。ファンボ・チュルさんはファンボが名字で、名前がチュル。結婚しても姓は変わらない。しかし、それは男性中心の「家」意識だから、近年、カップルが通称姓として郭李、朴金など、両方の姓を名乗っている場合もあり、また『**ショッキング・ファミリー**』のキョンスン監督や、本作のチミン監督のように、姓を名乗らないケースもある。

ソウルで再会したチミン監督は「ファンボさんに会いたいですか？」と、私たちをファンボさん本人に会わせてくれた。77歳の今も、週何回かソウルまで1時間半かけて通って来るハルモニ。ちょうど通学の

ファンボさん（中央）とチミン監督（その左）

日だった。「今、何を勉強していますか?」とたどたどしいハングルの問いかけが通じて、ファンボさんが鞄から出したのは小学5年生の教科書。それでも私には難しすぎる！　ハルモニは「いつか私も日本に行きたい」と。ぜひ呼んであげたい。もうちょっと待ってね。

チミンさんは「若者を描いた『**開、青春**』という新作を作った」とDVDをくれた。「英語字幕もまだ入ってないけど」と言われ、宿題と思ってもらってきた。上映の機会を考えてあげたい。実はちょっと前、ベルリン在住の日本人と韓国人の女性グループが何か上映したいと言ってきたので、私は『**ファンボさんに春が来た**』を推薦し、上映が決まったというニュースがある。こんなふうにいろんな地域とつなげられたらいいな。そのベルリンとの縁は2005年〈アジア女性映画祭 in ベルリン〉という催しであった。そこで会ったのがキム・ミレ監督。彼女は一貫して労働者の姿をドキュメントしている作家で、『**NOGADA（土方）**』や『**外泊**』（近日上映）の監督。今回取りあげる『**同行**』は、労働組合のオルグになった女性を追ったもの。大学卒のキャリアを捨て組合専従になって苦労する娘を、母が嘆くところなど、男の視点では撮らないだろうな、と思う。それでも〈同行〉を選んだヒロイン。

チャン・ヒソン監督も、ずっと韓国女性労働者協議会と協同で、女性労働者の問題を撮っている。『**和気あいあい？**』は職場のセクシュアルハラスメントをユーモアも交えて描いた劇映画で、セクハラ上司役に有名俳優がノーギャラで出演してくれたという。ヒソンさんはソウルで60歳の誕生日を迎えた私のために、ケーキにローソクを立てて祝ってくれた。親しみやすいキャラで、「日本では女がタバコを吸っても大丈夫だけど、喫煙場所がないねえ」と言う。韓国では女性の喫煙は嫌われるのでこっそり吸うという映画もあったな。

キョンスン監督はシングルマザーで映画を作っているバイタリティあふれる女性で、仲間と共同生活したりしながらの日々をとらえた『**ショッキング・ファミリー**』を作った。姓を名乗らないのは、男の族譜が続く韓国の家族制度へのアンチである。今、フィリピン、日本、韓国の女性たちを撮った『**レッドマリア**』の仕上げの最中。大阪で泊まる所を探してるという情報が回ってきて、私の友人宅に泊まってもらったこともある。キョンスンさんと仲良しのパ[*1]ク・ジョンスク監督には、ソウルの国際女性映画祭で会った。私たちに〈おにぎり〉の差し入れをくれたよ。彼女の『**塩**』という国鉄労働者のドキュメンタリーも上映する。

さて大御所のイム・スルレ監督。彼女の『**私たちの生涯最高の瞬間**』は、日本でもDVDが出ている。オリンピックで銀メダルを取った実話だが、女性であるがゆえのハンディをきちんと描き、さすが。スルレさんいわく「スポーツものは当たらない。主役が中年のおばちゃんたち、監督が私！」という3つのマイナスを克服して400万人動員の大ヒットとなった。それまで良い映画を作るが当たらない監督の筆

チャン・ヒソン監督と。釜山にて

頭にあげられていたスルレ監督。もともと民主化運動とともにあった人で『**もし、あなたなら〜6つの視線**』という韓国人権委員会製作のオムニバス・シリーズの第1作から協力し、最新作『**飛べ、ペンギン**』も監督した。新作は、韓国の英語教育の弊害や、職場での〈和〉を強制する問題、などを織りこんだ作品で、自分がベジタリアンなのをさりげなく登場人物に反映させたりしている。弁当男子など、韓国では珍しいタイプも登場。ジェンダーにとらわれない生き方を実践している人でもある。

スルレ・オンニ（姉さん）とともに『**もし、あなたなら〜6つの視線**』の一篇を撮ったチョン・ジェウン監督。『**子猫をお願い**』の宣伝をして以来の友人で、先だっては私がソウルの自宅に泊めてもらい、また彼女が友人と大阪に遊びに来たときは淡路島に一緒に行ったりする仲である。韓国でヒット作に恵まれず落ち込む彼女に、「あなたの才能は韓国以外の人たちが認めている。気にするな」といつも言っている。どうやら日本の企画で次回作が撮れそうである。[*2]

がんばれ、韓国の女性映画人たち。エールを送る上映会。ぜひ注目してください。

とても私的なシネマガイド　2009年9月号

＊1　パク・ジョンスク監督には、韓国と日本の労働者が連帯する『海を越えた初恋―1989 スミダの記憶』（2010年）というチャーミングな作品がある。

＊2　ずいぶん時間がかかったが、『**蝶の眠り**』（2017年）である。

2009

釜山は〈映画都市〉宣言

〈第14回釜山《プサン》国際映画祭〉は10月8日から16日まで開かれ、17万3500余人の観客、355本の作品が紹介された。私は第2回（1997年）から参加し、途中1度だけ欠席したので、今回で12回目である。

キム・デジュン（金大中）大統領が日本文化開放を決めたのが1998年、それから10年あまり、キム・デジュン、ノ・ムヒョン（盧武鉉）、イ・ミョンバク（李明博）と大統領も替わった。今では、日本映画もかなり一般公開されている。一方、韓国映画を保護していたスクリーン・クォータの枠が縮小され、商業ベースに乗りがたいアート系作品やドキュメンタリー作品の上映機会は、こうした国際映画祭でなければ見ることができない例も多くある。

友人は海雲台《ヘウンデ》の映画館で『**海雲台**』（公開タイトル『**TSUNAMI**』）を見て、主演のソル・ギョングらの舞台挨拶を見た。これも映画祭の大いなる楽しみ方である。『**海雲台**』は既にこの国で公開され1000万人の観客を動員した大ヒット映画で、映画祭での上映は外国のお客様へのサービス企画。釜山に津波が押し寄せるというディザスター・ムービーで、前半の人間ドラマとかみ合っていないのだけど、ああ、私も知っているこのビルが壊滅している……という臨場感が味わえる。自分の町が壊れる映画を釜山市が率先してロケ協力をしている。すなわち釜山は〈映画都市〉を宣言しているのだ。

映画祭会場も、海雲台と南浦洞《ナンポドン》の主に2ヵ所だったのが、センタムシティが新拠点になり、映画祭の主要行事もプレスセンターもこちらに移動した。センタムシティは人工的な開発地域で、ロッテと新世界というふたつのデパートが隣接し、どちらにもシネコンを併設している。双方が映画祭の上映館であるから足場はすこぶる便利、新世界ビルの方にはスパもあり、買い物客が休んでいく。

さて私のトピックは、1983年の〈モスクワ国際映画祭〉で一緒だったベトナムのダン・ニャット・ミン監督との再会だ。彼は新作を出していると言い、私は急遽予定を変更して、彼の『**燃やすことなかれ**』を見に行った。

ベトナム戦争で殺された若い女性医師は日記を残していた。それがアメリカ兵のもとに保管されていて、三十

数年ぶりに遺族のもとに届けられたという実話の映画化であった（日本でも『トゥイーの日記』〈経済界刊〉として翻訳されている）。戦争で傷ついたという意味ではアメリカ人もベトナム人も苦しんだ、今はお互いに平和に共存しようと、ダン監督は考えているのであろう。過去の彼の作品同様、心優しい映画だった。

もう1本印象に残ったのは韓国映画**『羊が1匹、羊が2匹』**（ファン・ジョルミン監督）。英語タイトルが**『モスクワ』**と意表をつく。

高校の同級生だったふたりの女性。ひとりは労働運動で闘うもリストラされ、片方は大企業に就職するもお茶汲みコピーの下っ端社員。失業中の方がもうひとりのもとに転がり込み、だんだん険悪な状態になってくる。ふたりは、かつて演じたチェーホフの『三人姉妹』のイリーナとオリガになってみる。かすかな希望の象徴「モスクワへ」というセリフが出て、この英語タイトルの意味がわかる。せつなくて、まるで**『子猫をお願い』**（2001年、チョン・ジェウン監督）の姉妹編のような作品だった。

時代はますます厳しい。韓国も日本も、いや世界中が、働く人々の働く場を奪い、環境を劣化させている。だからこそ、映画は時代を切り取り、希望と勇気を与えてほしい。今回もそういう映画とたくさん出会ったが、字数が尽きた。

大阪民主新報　2009年11月8日

COLUMN 2009

言語と食事

清流劇場の公演「モザイク」を見た。作・演出の田中孝弥《あつや》さんは、ドイツの留学から帰ってしばらく自分を苦しいところに追い込んでいる感じだったが、新作では、そこを抜けて一条の光を見いだしたようである。明るい。とはいえ、現実が明るいわけではなくて、相変わらず厳しいのだが、それを認識した上で、どのような進み方が可能か、前向きに模索している。その明るさである。彼はチラシにこう書いている。

……そのYさんに先日言われたのが、「歪んだ制度の中に身を置いて生きているのだから、歪んで生きていく自分に腹をくくれ」という言葉である。言葉だけを聞けば、「どうせ汚い世の中なんだ。テメエもワルになれ」と、とれなくもない。

しかし、そうではないのだ。ボクはどこかで「自分だけは清廉潔白な場所に身を置こう」とうぬぼれていて、そこを指摘されたのである。つまり、容赦ない社会の中で否応なく歪んでいくはずなのに、「どうしてそう自分の手を汚すことに恐れるんだ」ということなのだ。「ホントにそうだな」と思うのである。「痛いけれど、ホントにそうだ」と思うのである。（中略）今回の公演は、汚れた手をモチーフに物語を紡いでみようと思います。

（清流劇場ＨＰ：http://seiryu-gekijo.com/）

小劇団のチラシには、たいがい公演の中身がわからない抽象的なコメントを書いているものが多い。今回のアツヤさんの言葉は、珍しくストレートに中身を表している。この国の現状の中で手を汚さずに生きることは難しい。誰もが手を汚さないと生きていけないのなら、どのような汚し方がましだろうか、と私も思うのである。

舞台は、中小企業の清掃会社。社長は仕事を請け負っているホテルと合併交渉をしている。それで社員たちはリストラされるのではないかと恐れ、カニクラブ（?）を作って対抗しようと画策する。その中には韓国人の労働者もいる。皆がカニのかぶりもの（笑える）をかぶっているので、新人が「なぜ?」と聞く。私たちは『蟹工船』の労働者以下のカニのような存在だから、という答え。酔っぱらった人に「中川*か」といった時事的セリフが入り、今回は特に笑える場面が多くて楽しかった。労働者たちは社長のスキャンダルを探そうとスパイを送り込むが、何も出てこない。実は社長は合併交渉で社員全員の身分保障を条件にしていたということがあとでわかる。この社長は外国人の相手と英語で話しているのだが、相手はドイツ人だった。「お互いの母語を学びあうことが必要ですね」と言う。

また、韓国人のリンダは、ときどきハングルで叫ぶが、日本語は流暢だ。新人が何言うてるかわかれへんと言うと、先輩は「うんうん」言うとったらエエがな、と受け流す。言葉の意味は正確にわからなくてもリンダの怒り、その他、感情は伝わるのだ。リンダは食事を大事にする韓国人らしく豪華なお弁当を持ってくる。舞台の上でそれらをおいしく食べるのだが、実際にリンダが作って持ってきたものであるという。「毎回、そうなん?」と聞くと、「そうや」と言う。

アツヤさんは前から〈韓国・朝鮮〉の人たちと〈日本〉人たちのかかわりを舞台で描いてきたが、リンダの登場は、過去の〈韓国・朝鮮〉人が登場した作品とは違ってメチャ明るくポジティヴである。きっと彼女との出会いがキャラを変えたのでは、と思った。すべての人は考えも違うし、自分の立ち位置で利害関係も変わる。だから「モザイク」だ。モザイクは違う色が並んでいながら、全体として〈美〉をかたちづくる。溶け合わずに、でも調和できる地点を目指し、連帯ができるのではないか。

私が、今回の舞台から感じた別のポイントは「言語と食事」である。言い換えれば〈文化〉。その差異を認めあい理解する努力。アツヤさんがドイツでドイツ語と格闘してきたことや食い物に不自由したことは、彼のブログでもわかる。そうした体験が、今の舞台に生かされている。

食い物が大事という点で連想した映画に『**そして、私たちは愛に帰る**』がある。長年ドイツに住んだトルコ人のおやじは連れ合いを亡くし、息子が成人した今、娼婦の中からトルコ女性を見つけ、再婚しようと言う。つまりは「言語と食事」が分かち合える相手を求めたのである。ここでは結婚とは、ダイレクトにセックスと食事を含む家事をやれということだ。

そしてまた、私はファスビンダーの**『不安と魂』**（DVDタイトル**『不安は魂を食いつくす』**）のアラブ男とユダヤ女の話を思い出す。年の差も乗り越えて一緒になったのに、彼は彼女がクスクスを作れないと言って、食べさせてくれる女のもとに行く（自分で作れよ！）。チャン・イーモウの**『初恋の来た道』**だって手料理で男をひっかける女の子の話じゃないか。女は愛を勝ち取るためにしばしば料理で男をつる。女性誌はその指南をよくしているではないか。だが最近は自炊する男性が増えて喜ばしいかぎりだ。料理できない男はモテないよ。モテないと嘆く前に料理の勉強をしなさい。

話がそれたけど、ことほどさように言葉と食い物は、人間関係を表す。権力を持った側の言語が強制される歴史を見よ。それに対抗できたのは、食い物はそこまで強制されなかったからかも。

とても私的なシネマガイド　２００９年２月号

＊　２００８年、中川昭一財務大臣は大事な会議で酔っ払って発言。のち辞任した。

2010

映画の未来を支える若者たち

私の韓国映画と社会への関心は、ほぼ20年続いている。1980年代末に日本でぼちぼち公開されるようになった韓国映画は、90年代になってかなりの公開数を数え、2000年以降はテレビからはじまった〈韓流〉ブームのおかげで、重要な韓国映画はほとんど日本でも見られるようになった。といっても主流は娯楽作品であるから、インディーズ作品や、社会派作品ゆえに本国でもヒットしなかった映画は公開枠からもれてしまう。それを補う意味で韓国で開かれる国際映画祭への参加が楽しみとなる。

4月の〈ソウル国際女性映画祭〉、10月の〈釜山《プサン》国際映画祭〉ほど大規模ではないが、たくさんの国際映画祭が韓国で開かれている。4月29日から5月7日まで開催された〈第11回全州《チョンジュ》国際映画祭〉もそのひとつである。

全州はピビンバの本場であり、伝統芸能パンソリの本場でもあり、李朝発祥の地でもある、食と文化の都市であるが、ソウルから高速バスで3時間半ということで、まだまだ日本からの観光客は少ない。韓屋村《ハノクマウル》という昔の町並みを残した地域だけでも見る価値があるところ。映画祭はその名も〝映画通り〟というところに集中する映画館（シネコン）を使って行われる。人口60万都市にしては映画館が多いと思うが、去年使っていた映画館がひとつ閉館になっていた。シネコン同士も競争が激しい。とにかくいつもは同じ作品をすぐ近くで上映しているのだから。しかしながら映画祭の期間は違う。いつもはかからない世界の作品、韓国でもまだ未公開の作品が、たった５０００ウォン（４００円）で見られるのだ。

今年の映画祭で回顧特集が組まれたキム・ドンウォン監督は韓国ドキュメンタリーの牽引者で、軍事政権下の80年代にキャリアを出発させた。彼は「ドキュメンタリーの原動力は現場にあり、人間を通して知らない世界へ入っていくことがドキュメンタリーだ」と語り、〈監督〉という呼称は座りがよくないと笑う。

今回、キム・ドンウォン監督の子ども世代ともいうべき作品にも出会った。

『満月が来る前に』（ソ・セジン監督）は、77日間、工場に籠城してストライキを闘ったサンヨンモータースの労働者を撮った作品。工場が上海に移転するので従業員が解雇されたのだ。監督は工場に入り一緒に過ごして労働者の肉声をとらえ、また会社側の暴力を伝える。向かいのビルから大型パチンコで投石するなど原始的で野蛮な暴力行為などもとらえられる。現場の生々しさは貴重だが、外の動きがとらえられていないもどかしさが残る。でもはじめての映画に監督が緊張と興奮していたのがわかる。

韓国以外の作品ではグルジアの『ＳＵＳＡ』が印象的だった。荒廃した街で、ウォトカの密造工場で働く母と、そのボトルを売りに行く息子スサ。上映後、ルスダン・ピルヴェリ監督が登場し「どこの映画祭でも、これは本当か?と聞かれるけど、本当です。一部の富裕層以外はこの現実を生きています」と語る。

細かいシーンの解釈への質問に「映画は映画です。どんな意味があるかとか、メタファーとかを考えて作っているわけではない」ときっぱり。そう、解釈は観客がするもので作家に聞くものではない。熱心な質問者は映画を勉強中の学生さんのようである。釜山同様、ボランティアも含め若者たちが支えている。映画の未来はあなたたちのものだ。

大阪民主新報　２０１０年5月23日

ハラボジの歓待付き、全州4人旅

5月4～8日、韓国の全州《チョンジュ》に4人組で出かけた。去年10月の〈釜山《プサン》国際映画祭〉と同じメンバーで、今度は〈全州国際映画祭〉（JIFF）に参加である。スンジャ、プンジャと私（ヨンジャ）は3回目。ドゥナは初参加（私たちは、韓国に行くときはこういった呼び名を使う）。全州はソウル・金浦《キンポ》国際空港から高速バスで約3時間のところ。朝鮮王朝発祥の地であり、全州ピビンバとパンソリで有名な風光明媚なところだが、新幹線[*1]KTXの路線からはずれたからか、まだまだ日本のツアーでは取り上げられていない（大きなホテルが3つしかないからかも）。でも今後観光スポットになるにちがいない。

JIFFはすでに11回を重ねるが、釜山ほど混み合ってないので、私たちのお気に入りの映画祭である（今年は作品がイマイチではあったけど）。なんといっても会場が〈映画館通り〉にあるシネコンに集中しているので、コンパクトで動きやすいのだ。近くには〈歩いてみたい通り〉というファッション街もあり、本当に歩いて楽しいところ。ちょっと離れた〈東門文化通り〉は、それぞれの家が意匠をこらした飾りやペイントがしてあって、すごくいい雰囲気である。

韓屋村《ハノクマウル》はソウルにもあるが、昔の家並みを残して実際に居住している文化財保護地域。人工的に整備した道路にはお土産屋さんが並び、屋台も出ている。天気にもめぐまれ（ちょうどオリニナル＝こどもの日だった）、家族連れでにぎやかなこと。ここに住む李先生（私たちは〝全州のハラボジ〟と言っている）が昼食に招待してくれたのは、民家をレストランに改装したところ。モダンな韓定食が出た。李先生は妻と子どもたちと孫たちの3世代を連れてきてくれた。先生は大学教授をリタイアされて悠々自適の方である。私とは3年前、ソウル行きの飛行機で席を隣合わせ、話していたら全州のお住まいとわかり、今度映画祭に行くというと、ぜひ連絡を、ということで、それ以来メールを交換、毎年映画祭で再会を重ねている。李先生は韓国人の常として家族関係を知りたがるが、私は個人の家族生活などどうでもいい人なので、そのあたり話はすれ違う。だから〈家族ぐるみ〉の歓待は逆に申し訳ないと思ってしまうのだが。

全州のハラボジ、李先生がふるまってくれた韓定食

優秀なるお孫[*2]さんたちの将来が楽しみであるらしい（最近のメールでは、1番下の孫サングちゃんが1歳の装束を着けた写真が送られてきた）。

今回は別の日に、李先生は車で金山寺という名所旧跡にも連れて行ってくださった。ヘアピンカーブに弱い私は山道のドライブが苦手だが、着いたところは本当に血のように真っ赤なチンダルレ（ヤマツツジ）が咲き乱れ、いかにも山寺ってとこである。女性のお寺ということでハルモニがお参りしていて、八百羅漢の顔が面白い。本殿などはどこも似たようなたたずまい。私が退屈そうに見えたか、ハラボジいわく「レイコさんは宗教を信じてないですね」「哲学としての宗教には興味あるけど……。李先生は?」「私も無宗教です」「○○教というのでなく、心の中に自分だけの神様はいると思う」てな会話を、英語とハングルと日本語ちゃんぽんでする。ハングンマル（韓国語）は、スンジャはかなりしゃべれて、私とプンジャは勉強中にもかかわらず、なかなか出てこない。先生も英語を使いたがるのですぐ英語になってしまう。ドゥナも英語ならわかるから。

先生はもっともっといろんなところに連れて行ってあげたいと言われるが、私たちは映画が主目的なので「ごめんなさい、時間がなくて」と詫びつつ、会場へ急ぐ。日本の監督さんがたくさん来ているらしく、マッコリ酒場のアジョシが色紙を見せてくれ「この人は有名か」と聞く。根岸吉太郎監督のサインだった。「とても有名だよ」と言う。壁にはいろんな人のサイン入り色紙が貼ってある。アジョシは「この人は昨日来たけど、今日はまだだね」。皆毎晩のように飲みに来る。この雰囲気が映画祭。日本で多忙な監督たちもここでは少しリラックスできるのだろう。

楽しい映画祭もあっという間に終わり、帰りはソウルで1泊するので、バスじゃなく電車に乗ろうと全州駅へ（またも李先生が送ってくれた）。ところが金曜なので、乗り換えなしのムグンファ指定席は売り切れ。そこに李先生の知り合いが現れ、ふたりが窓口でいろいろ交渉してくれる。結果、途中の西大田《ソテジョン》駅まで「ムグンファ号」で行き、そこでKTXに乗り換えればソウルの龍山《ヨンサン》駅に着くという切符を取ってくれた。ただし4人の席はバラバラになると。どのみち全州からはどこかでKTXに乗り換えるというのも考えていたので、喜んでそうしてもらう。やれやれ。

とても私的なシネマガイド　2010年5月号

＊1　今はKTXも停車する。

＊2　李先生の孫のひとりはソウル大学に入学した。

2010

社会的マイノリティへのまなざし

〈第15回釜山国際映画祭〉（ＰＩＦＦ）は10月7日から15日まで開催され、延べ参加者8万２０００余名、上映作品３０６本という数字が発表されて幕を閉じた。今年のニュースはなんといっても１９９６年の第1回から〈ＰＩＦＦの顔〉として映画祭を牽引してきたキム・ドンホ委員長の勇退であろう。アジアでいちばんエキサイティングな国際映画祭として、世界に釜山の名前を広めた功績は大きい。

さて今回、自分の選んだものにその傾向があるという方が正確だが、韓国映画人の問題意識に共通のものがあって驚いた。それは社会的マイノリティへのまなざし、といったらいいだろうか。いわゆる〈脱北者〉、性的マイノリティ、外国人労働者、そして韓国社会の被抑圧者をとりあげた作品が多かったのである。

たとえば〈ニューカレント部門〉で受賞した**『ムサン日記』**（パク・ジョンボム監督・主演、公開タイトル**『ムサン日記～白い犬』**）、〈韓国映画の今日部門〉で上映された**『ダンス・タウン』**（チョン・ギュファン監督）、そして人権委員会製作のオムニバス**『もし、あなたなら5』**の中のエピソード1「2本の歯」（カン・イグァン監督）が、脱北者が主人公の作品だった。**『ムサン日記』**の主人公スンチョルはＩＤナンバーが１２５で始まるものは「北から来た人間」ということで差別される状況を描く。実話に基づくドラマだそうで、モデルのスンチョルさんはなくなっているとのこと。**『ダンス・タウン』**は、夫を残して先に韓国に来た女性が主人公で、一人暮らしの女性ということで男性からセクシャルハラスメントを受ける。「2本の歯」は、クラスメイトを誤って倒し、歯を折ってしまったことから、級友に自分が北の出身だとわかってしまう中学生の話である。また〈ドキュメンタリー・コンペティション部門〉でメセナ賞を受賞した**『チョンノの奇跡』**（イ・ヒョクサン監督）は、ソウルのチョンノに集まってくるゲイたちの姿を追ったドキュメンタリーで、カミングアウトした彼らが合唱団を作っているのであるが、上映後、メンバーが登場して歌をうたう一幕もあり、歓迎された。しかし現実にまだまだ性的マイノリティには厳しい社会である。

外国人労働者を描いた**『もし、あなたなら5』**のエピソード2「ニマ」（プ・ジョン監督）。モンゴルから出稼ぎに来てラブホテルの掃除人をしているニマと、新しく同僚となった韓国人女性との出会いで、女性たちがおかれている立場が浮き彫りにされる。いわゆる汚い仕事はより低賃金で雇われるものにのしかかっている。そこにまた高校生の女の子の妊娠という社会問題も現れる。映画祭上映ではなく**『パンガ？パンガ！』**（ユク・サンホ監督）という、「仕事にありつくため外国人に化けた韓国人」が主人公というコメディの韓国映画が一般公開されていたりもする。〈ショートフィルム・ショーケース〉（ワイドアングル部門）として上映された短編**『墓守り』**（イム・ジョンジェ監督）は、田舎でお墓の掃除を代行している中年になりかけ

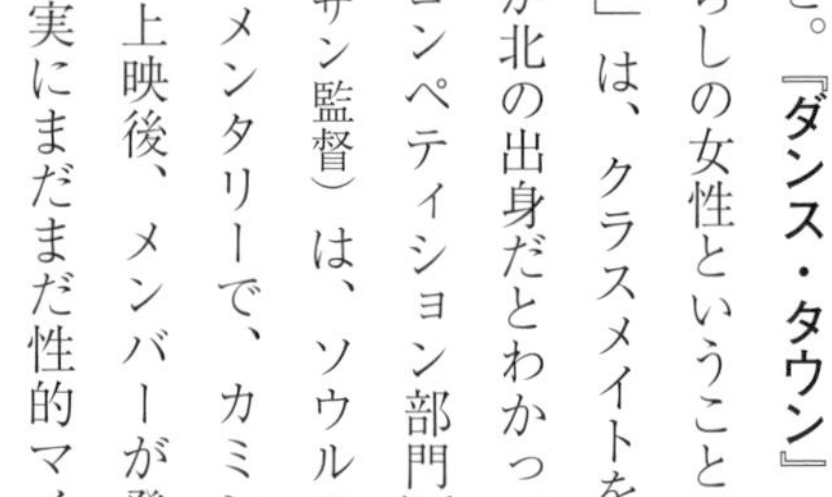

『チョンノの奇跡』の宣伝用ポストカード

の男性の物語である。韓国ではまだまだ結婚しないと一人前と認められない中で、周囲からうるさく言われている主人公だが、意中の人をやっと見つけて告白しようと思った矢先、相手の女性は事故で死んでしまうという、それだけを書けば平凡な話であるが、説明を排した映像で主人公の心情を語る、その手腕が優れていて、詩情あふれる好編だった。そして同じく短編**『春の日の約束』**（ハ・ユンジェ監督）は、家族の世話ばかりして、せっかく骨休みにどこかへ行こうと友と約束してもキャンセルばかり、ついに歳をとってしまった韓国女性の半生を描く。いつも自分のためではなく人のために働くこのような女性が解放されるのはいつなのか。この2本は、そのまま**『もし、あなたなら』**シリーズに入れてもいいような内容である。**『もし、あなたなら』**シリーズは、多様な生き方を認め、共生できる社会をめざすために、他者の思いや痛みを共有できる人になろうとして発足した人権委員会の映画作り。5作目ができたのはエラいと思う反面、ヒューマニズムという精神が根付くことの困難もまた感じてしまう。これは日本社会とて同じであるが。

韓国映画以外では、米英合作のドキュメンタリー**『わたしのペレストロイカ』**（ロビン・ヘスマン監督）が面白かった。モスクワ映画大学を卒業し、8年間モスクワで暮らしたというヘスマン監督が、旧ソ連時代に小学生だった同級生数人にインタビューする。ビジネスマンとして成功した男性がひとりいるほかは、いまも生活の苦労が絶えない人々である。豊富なアーカイヴ映像を駆使して、彼らの幸せな子ども時代を振り返る。けっしてマイナスばかりでなかった旧ソ連社会への偏見がないのがいい。

大阪民主新報　2010年10月31日

COLUMN 2010

プチ旅行はまたもや釜山

だんだん仕事を減らそうと思っているのに、なぜか宣伝作品がかたまって秋まで忙しい。でも気分転換、つかの間の骨休みということで、2泊3日の釜山《プサン》行きを決行した。いつも映画祭で行くと、映画を見る合間にちょこちょこ食べるだけなので、行ったことがないところを観光しようとはりきって計画を立てる。

今回同行するチング（友達）は祐子さん。金海《キメ》国際空港で「まるごと釜山」夏号をゲットして読んでみると、「ハヤリヤ基地」の期間限定公開が9月30日までと書いてある。そりゃ行かなくちゃと、すぐ予定を変更した。でもほかはほぼ予定通り消化できた。

着いた日は土砂降りの雨。安いツアーなので、ホテルにチェックインする前に免税店に連れていかれる。ようやく午後6時前に国際ホテルに着く。ここは凡一洞《ボミルドン》という釜山の中では下町。ホテルも古い（でもエレベーターはきれいになっている）けど、近所に在来市場があって、歩くには楽しいところ。さて地下鉄に乗って南浦洞《ナンポドン》へ。去年12月にできたばかりのロッテ百貨店光復店に行く。あ、その前に腹ぺこをなんとかしなくちゃ。有名店「ケミチプ」でナクチポックン（タコの激辛鍋）と海鮮パジョンを食べる。デパートは8時までだから急いで行ったのだが、本日は9時まで、しかもバーゲンは今日までとある。買い物を済ませて屋上にあがると、霧にむせぶ釜山港。雨の夜景もいい感じ。

翌日は曇り空。観光には暑くなくいちばんいい日和。朝ごはんはカルグクス。地下鉄で楊亭《ヤンジョン》に行き、ひたすら歩いてハヤリヤ基地に到着。２００６年に米軍基地再編成で閉鎖されたハヤリヤ基地は今年の１月正式に韓国に返還され、14年に市民公園に生まれ変わるため、今だけ基地の跡を見学させてくれるのだ。

広大な敷地は１９２０年代、日本が競馬場にしていたのを戦後アメリカ軍が基地にしたのだという。馬券売り場は将校クラブとなった。司令部とか将校の家族が住んでいたハウスなど、ところどころ中まで覗かせてくれる。もちろん部屋には何も残っていないのだけど。基地の向こうにロッテホテル（西面）が見える。こんな近くに基地があったのだ。でも観光地図には載っていない。

お昼は西面に戻って「ハンリムジョン」というお店でトッポギ定食。おかずいっぱいのうれしい韓国の定食。５５００ウォンと書いてあったのに、１０００ウォン返してくれたぞ。４５００ウォンといえば３５０円くらいである。満足満足。午後は地下鉄・温泉場に行って「虚心庁」という有名なお風呂に行く。一度行きたかったところである。チムジルバンというサウナと大浴場を行ったり来たりしてごろごろ。アカ擦りもしてもらった。でもここより去年できた新世界スパ（センタムシティ）の方が高くてもきれいだったな。まあ一度行ってみるくらいでいいか。

いちどホテルに帰って近所でテジカルビとピビンバの夕食。ふたりで１５００円もしなかったよ。それからまた西面に行き、ロッテシネマで映画を見た。というのも、ここロッテシネマでは1日1回だけ日本語字幕を入れた韓国映画を上映してくれるサービスがあるのだ。でも全然宣伝していなくて、昼間に切符売り場で聞いたら「ありま〜す。夜10時10分からです。終わりは12時過ぎね」と言うではないか。かまわん、それ2枚おくれ、と切符を買っておいたので、時間をつぶして映画館に行ったわけである。

作品は300万人の大ヒットという『**砲火の中へ**』（公開タイトル『**戦火の中へ**』）。朝鮮戦争時に高校生などが義勇軍として 参加していたという悲劇の実録もの。うそ、クオン・サンウが高校生役？ ちょっとひねてるわ。北朝鮮の将校にチャ・スンウォン（この人は『**約束**』でも脱北者を演じていたので、北のなまりはお手のもの？）、韓国軍兵士にキム・スンウなど。日本語字幕があるとよくわかる。この前ソウルで見た『**小さな蓮池**』（公開タイトル『**小さな池 1950年・ノグンリ虐殺事件**』）も、朝鮮戦争時に村人ほぼ全員がアメリカ軍に殺された悲劇の映画化だったけど、いろいろ新資料が出てきて、映画化がさかんなのだ。日本同様、米軍基地が多い韓国だが、日本よりは基地の縮小、撤去が進んでいるし、映画を見ても〈反米〉感情が見えるものが多い。戦争は南北どちらにも悲劇だというふうに『**砲火の中へ**』は描いている。

劇場を出ると、もう地下鉄はないので、タクシーでホテルに帰った。明日は帰国するだけの2泊3日。朝ごはんはキンパプを買っておいたので、チェックアウト8時でも楽勝だ。プチ旅行にはソウルより釜山がオススメ。コンパクトで歩きやすい街ですよ。行きたい人は声をかけてね。ツアコンいたします。

とても私的なシネマガイド　2010年7月号

2011

助け合い連携する韓国女性

4月の〈ソウル国際女性映画祭〉、5月の〈全州《チョンジュ》国際映画祭〉、ふたつの映画祭に参加して、最近の韓国映画に感じるところを書いてみよう。

〈ソウル国際女性映画祭〉は今年で13回、韓国では釜山《プサン》につぐ古い映画祭だ。「女性の視点で」というのをスローガンにしているが、男性にも門戸を開放している。

この映画祭のディレクターを務めるイ・ヘギョンさんの名前を最近読んだ古本で発見し、軍事政権時代から今までの歴史の生き証人がここにもいると思った。その本はフランスに亡命を余儀なくされたホン・セファさんの『コレアン・ドライバーはパリで眠らない』（1997年刊）で、この中に著者がドイツ留学中のヘギョンさんと会ったことが記されている。ともに、韓国労働運動の英雄で抗議の焼身自殺を遂げたチョン・テイル（全泰壱）についての芝居をしたとある。つまりは〈ソウル国際女性映画祭〉を立ち上げたのも、韓国の民主化を闘ってきた人々であったのだ。

余談だが、ヘギョンさんの夫は民主的医療に尽力されている医師で、そのグループは全日本民医連とも交流があるとのこと（この話は別の人から聞いた）。わかってみれば、いろんな点がつながり、線となり面となって広がっていることである。

韓国では家族法が改定され、いわゆる戸籍はなくなったが、法律と現実は違う。その狭間で自分たちの関係を問い続けているカップルを描いたセルフ・ドキュメンタリー『**2つの線**』（チミン監督、公開タイトル『**2 Lines あるカップルの選択**』）が、本年度〈ソウル国際女性映画祭〉のハイライトであった。

昨年から「ピッチ&キャッチ」という、数本の候補作のプレゼンテーションを行い、投票で選ばれた1本に製作費を援助するシステムが始まり、見事に選ばれたのがチミン監督の作品だった。それが完成披露されたわけだが、まだまだ儒教的モラルが支配的な韓国社会で、非婚カップルに〝妊娠・出産〟という問題が起こったらどうなるか、というテーマは、映画祭に集まった観客にも切実なものであったろう。満員の観客の熱い想いと質疑応答が、この映画祭の雰囲気を表している。

チミン監督と彼／チョルさんはなんども話し合い、婚姻届を出す。それは当面生まれる子どもの法的な保護のためである。彼女たちは、これが正しいと結論しているのではない。迷い迷いの選択であった。映画は結論を押し付けるのでなく、その過程を誠実にとらえ、観客にも一緒に考えようという姿勢を貫く。監督たちが画面に映っているときは、友人が撮影監督を引き受けた。その友人が監督した映画では、チミンがカメラを担当する。チミンたち女性ドキュメンタリストは、そのようにして助け合い、連帯している。

他の人たちの作品を見ることができなかったので、DVDを預かってきた。いつか大阪で上映会をしなければなるまいと思う。過去に〈ソウル国際女性映画祭〉に出品した監督たち、『**子猫をお願い**』のチョン・ジェウン監督と、『**和気あいあい？**』のチャン・ヒソン監督とも再会した。ふたりとも厳しい条件下で次回作に取り組んでいることを聞いた。

〈全州国際映画祭〉について書くスペースが少なくなってしまった。この歴史ある都市の映画祭は12回を数える。釜山より後発で、デジタルなどの新しい素材や手法の作品も多く取り上げている映画祭である。

大ベテランのイム・グォンテク監督も、はじめてデジタルで撮影した『**月の光をくみ上げる**』を発表した。全州でロケを行ったこの作品は、韓国の伝統工芸品「韓紙《ハンジ》」の製作をドキュメンタリーに撮る女性と、市役所でその伝統を守る役職についた男性との交流を描く。ご当地映画でもあり、既に全州市では封切られたとのこと。

この映画祭はデジタルによる3監督競作の〈三人三色〉、2監督の中編をオムニバスにした〈愛情萬歳〉などの企画が目玉だ。そして韓国若手監督の作品が多くフィーチャーされる。しかしながら、日本の若手監督のように内向きの作品が増えているようで残念である。「MB（イ・ミョンバク大統領のこと）になって保守化しているのではないか」という質問に、ある人は「文化予算がばっさり削られた」と話してくれた。もちろん映画人は抵抗を続けていると。

ジグザグの歩みであっても独裁時代には決して戻らない。それは、どの韓国映画からも感じる力強さである。

大阪民主新報　２０１１年5月29日

2011

メイン会場として〈映画の殿堂〉オープン

〈第16回釜山《プサン》国際映画祭〉（10月6日〜14日）は、去年までの会場のひとつであった南浦洞《ナンポドン》地区をはずし、海雲台《ヘウンデ》とセンタムシティの2地区の会場で開かれた。センタムシティは人工的に開発された地域で、団地やBEXCOというコンベンションセンターなどの施設が集中するところ。ここに新たに〈映画の殿堂〉が建設され、先月末にイ・ミョンバク大統領も参加して盛大にオープンを祝った。そこが映画祭でもメイン会場になり、レッドカーペットをスターが歩く華やかな祭典となったのだが、閉幕式で建物の一部から雨漏りがするなど欠陥が明らかになった（韓国中央日報・日本語電子版10月18日による）。

今回は、事前に何を見るかあまり考えずに、会場の移動が楽なもの、上映時間が短いもの、といったイージーな選択をして、計13本を見たが、なかなかに充実した作品群だった。私が好きなドキュメンタリーが4本、劇映画が9本。

スウェーデン／エストニア／フィンランド／キューバ合作『**キューバ音楽の旗手エル・メディコ**』（ダニエル・フリデル監督）は〈お医者さん＝エル・メディコ〉というキューバ・レゲエの歌手についてのドキュメンタリーだが、いちばん楽しかった作品。なぜエル・メディコというかといえば実際に医師でもあるからだ。

彼の母親は、「キューバ革命後、教育と医療は無償になった」というばりばりのコミュニストで、息子を医者にした。しかし息子は歌手になりたかったのである。そこで医者をしながら歌手活動をしているというわけだ。彼の才能に目を付けた西側のプロモーターが、エル・メディコのプロモーションビデオを作って資本主義諸国に売り込もうと、ダンスのうまい女性たちをビキニで踊らせてエロティックなアングルから撮影をする。それを見た母親は怒り心頭。

社会主義VS資本主義の間で悩むエル・メディコ。結局、エル・メディコは海外進出よりキューバで好きなように歌う方を選ぶ、というお話。彼のCDは日本でも売っているそうで、ぜひ日本公開してほしい。

私の友人でもある韓国のチョン・ジェウン監督の初ドキュメンタリーは『**語る建築家**』。先ごろ亡くなった著名な建築家チョン・ギヨンを追った作品。彼は国内6ヵ所に子どものための〈奇跡の図書館〉を作ったり、高齢者のためのお風呂付きの集会所も作っている。社会における建築の意味を、その人を通して考えさせてくれる。相変わらずチョン監督独特のグラフィックなセンスが光る、かっこいい作品。

韓国の『**歩み続ける理由**』（キム・ミンチョル監督）は、ペク・チャというシンガーソングライターの10年を綴った作品。ペク・チャは学生時代フォークグループでプロテストソングを歌っていたが、グループ解散後、またソロで歌いだした。この10年の韓国社会も変化が重ね合わされる。

日本／韓国合作『**百年家族**』（キム・ドクチョル監督）は、キム監督が『**渡り川**』『**河を渡る人々**』に続き、彼のテーマである日本と韓国・朝鮮をつなぐ人々をとらえる。

〈在日〉に興味を持ったオーストラリアのエリースさんのホームステイ先の家族の日常。母は韓国に、息子は北朝鮮に、自分は日本にいるという在日朝鮮人の老活動家は、皆の再会を夢見ている。川崎に住む外国人たちのソサエティの役職を引き受けて変わっていったと語る大学生の在日コリアン青年。個性的で魅力的な人々が集う社会への思いが強く感じられる。

見逃したが、済州島《チェジュ》江汀《カンジョン》村の海軍基地設置反対闘争を描いたオムニバス『**Jam Docu カンジョン**』や、障害者の結婚を描いた『**蝶の海**』など韓国ドキュメンタリーは多種多様だ。

再審公判で無罪判決が出された強盗殺人事件「布川事件」で、44年間犯人とされた冤罪被害者を追った日本の『**ショージとタカオ**』(井出洋子監督)に、アジア部門最優秀ドキュメンタリー賞が贈られたことを付け加えておこう。

劇映画に触れる字数が少なくなった。韓国映画『**折れた矢**』(チョン・ジヨン監督)は、冤罪裁判を描いた法廷ドラマで、アン・ソンギ、ムン・ソングン、パク・ウォンサンらベテラン俳優が好演して見応えがあった。『**ホワイトバッジ**』で知られるチョン監督はなんと13年ぶりの作品。登壇したベテランたちに観客は惜しみない拍手を送ったが、韓国では50代以上の監督の活躍の場が非常にかぎられているという問題があるのだ。

ロシア映画『**パパはバリシニコフ**』(ドミトリ・パヴォラツキー監督)は、バレエ少年の夢を描いたかわいらしい作品。監督自身の自伝的要素があるそうだ。

ドイツ／カザフスタン／ロシア『**バイコヌール**』(ファイト・ヘルマー監督)は『**ツバル**』『**ゲート・トゥ・ヘヴン**』が日本公開されているヘルマー監督の、多民族が出会う世界観がチャーミングに披露されている。

上映総数300本の映画祭のほんの一端を紹介した。国際映画祭がきっかけで世界に広がる作品があるのは確かだが、実はまだ発見されていない傑作があるはずだ、といつも思う。永遠に終わらない映画の旅は続く。

大阪民主新報　2011年10月30日

2012

労働者階級の母の姿

毎年恒例になった〈全州《チョンジュ》国際映画祭〉への参加だが、今年の日程の初日（4月26日）が、〈ソウル国際女性映画祭〉のクロージングの日と重なっていることがわかり、その日をソウルで過ごして1泊、翌日に全州に移動する計画を立てた。というのも、〈ソウル国際女性映画祭〉には私の友人の女性監督たちと会えるチャンスが大きいからだ。

ソウルに着いて、映画祭とは別のプログラムで、ふたつの興味深いドキュメンタリーが〈インディプラス〉という劇場で公開されることを知り、そちらに行くことにした。キョンスン監督の『**レッドマリア**』と、テ・ジュンシク監督の『**オモニ（母）**』である。『**レッドマリア**』はフィリピン、日本、韓国の女性たちの姿を通して、労働の意味を問い直すユニークな作品。女性労働を、いわゆる賃労働だけでなく、主婦のアンペイドワークである家事労働とか、セックスワーカーの労働も視野にいれようとした。またそもそも〈働かざるもの食うべからず〉でいいのか、ホームレスで働いていない人にも取材して、この社会で公平な分配が可能まで考察している。論議を呼ぶ作品。

一方の『**オモニ**』は、70年代労働運動の中で自死したチョン・テイル（全泰壱）さんの母親イ・ソソン

〈李小仙〉さんの晩年を描いた作品。たとえばゴーリキー原作、プドフキン監督の『母』のように、息子の死によって母が目覚めたのではなく、この母の生き方を見て息子は育ったのだということが伝えられる。息子の死後も、常に労働者たちを励まし、闘いの場に駆けつけたオモニ。そのように彼女が〈労働者階級の母〉であることを見せてくれる。監督は男性だが、偶然にも私の友人のキョンファさんが撮影スタッフとして参加していた。スタッフとソソンさんとの日常生活でのふれあい（一緒に花札もする）など、ほほ笑ましい場面もある。

〈全州国際映画祭〉は第13回を迎え、〈釜山《プサン》国際映画祭〉につぐ規模と内容の国際映画祭に成長している。どちらかといえば韓国独立映画（インディーズ作品）をたくさん見られる映画祭だが、国際という通り外国の作家の特集もある。日本の内田吐夢監督特集とともにアルゼンチン出身作家エドガルド・コザリンスキー監督特集があった。日本に紹介されていない巨匠。私が選んだ彼の作品『**ロスチャイルドのヴァイオリン**』は傑作だった。

タイトルからチェーホフ原作の映画化と思っていたら、それをもとにしたショスタコーヴィチのオペラがあり、その創作過程がソ連の歴史として描かれ、原作にも描かれたユダヤ人差別の問題、さらには監督の出目も想起される、ヨーロッパから南米に逃れてきた移民の歴史もが重ね合わされた多重構造だった。

監督の経歴を見ると、ユダヤ系移民の2世であり、ブエノスアイレス生まれだが、長じてアルゼンチンの独裁政権から逃れてパリに亡命している。近年、独裁が倒れたこともあり、アルゼンチンに帰ることができたようだ。『**ロスチャイルドのヴァイオリン**』の製作は１９９６年、フランス／フィンランド／スイス／ハンガリー合作映画。ソ連崩壊後だからこそ作り得た映画だろう。

韓国独立映画の中で面白かったのはドキュメンタリー『比丘尼《びくに》』（イ・チャンジェ監督）。若い女性が世俗を離れて尼僧になる姿を追った作品だ。山寺での修行は厳しいといっても女性ばかりの学生寮の雰囲気もあり、皆ハツラツとしている。つまりはここへ来るという選択をする前の葛藤を吹っ切った清々しさと言えるだろうか。ひとりの女性はアメリカ留学までしたキャリアを捨てるということで母親から泣かれすがられた。仏門に入るということは、子孫を残さない選択となるので、とりわけ韓国のように族譜を重んじる家父長制では、親との対立になる。そのしがらみを断ち切ることで自分の求める生き方ができると考えての選択なのだ。監督は男性で、よく男子禁制のここまで撮影できたと思った。よほど信頼があったのだろう。

全州プロジェクト・プロモーションというこれから作る作品への援助の仕組みがあり、この中の〈ドキュメンタリー・ピッチング〉という部門で、私の友人のチョン・ジェウン監督の『語る建築／シティホール』が3タイトルを受賞し、支援金を獲得したのはうれしいかぎりだった。ソウル市庁（City Hall）の改築を撮っているそうだが、HallがHole（穴）になっているのがミソ。

上映本数に比べ、実際に見られる映画の数はかぎられている。見逃して悔しい作品もあっただろうが、映画を選ぶときに既に〈出会い〉が準備されているのだと思うこのごろである。また次はどこでどんな映画、どんな人と出会えるか、私の映画の旅は続いている。

大阪民主新報　２０１２年６月３日

2012

母なる存在を脅かす環境や社会描く

〈第17回釜山《プサン》国際映画祭〉（ＢＩＦＦ[*1]、10月4日〜13日）と、〈第25回東京国際映画祭〉（ＴＩＦＦ、10月20日〜28日）は、どちらも10月に開催されるアジアでは最大級の国際映画祭。今年は両方に参加したので、まとめて報告したい。

釜山は東京より後発であるが、遥かにたくさんの本数と観客動員数を誇り、部門別には賞金付きの賞も出ている。観客は若く、ゲストとのＱ＆Ａも活発だ。私が宣伝にかかわっている日本映画**『おだやかな日常』**〈内田伸輝監督〉は、東京近郊における2組のカップルの〈3・11〉後の反応を描いた作品で、近くに原発がある釜山の観客たちは真剣に見いっていた。

グローバルな人間が往来する空間としての国際映画祭の雰囲気が好きで、そういう映画に興味を抱く私は、韓国映画**『マイ・ラティマ』**（ユ・ジテ監督）や、ロシア／キルギス／フランス合作**『空き家』**[*2]（ヌルベク・エゲン監督）が面白かった。前者は、タイから花嫁としてやってきた女性が奴隷のように働かされ、ある韓国男性と出会って逃避行のあげく、ひとりで路上生活をしながら出産するという苛酷な物語であり、後者も、キルギスの田舎からモスクワに脱出、妊娠し出産した子どもを不妊のフランス女性の子どもとして渡す契約をする若い女性の物語だ。どちらも経済問題と切り離せない。母なる存在を脅かす環境や社会を描くことは『**おだやかな日常**』も含め、今日の映画が切り込むテーマといえる。

ＴＩＦＦはメイン・コンペティションがあり、グランプリはフランス映画『**もうひとりの息子**』（ロレーヌ・レヴィ監督）に与えられた。ユダヤ人とアラブ／パレスチナ人のふたつの家族の息子が産院で取り違えられて育ったことがわかるが、しだいに交流をしていく。自分が産んだ、育てた、というだけにとどまらない、もっと大きな人類愛へ導かれる人間の可能性を見る。

たぶん、世界は環境破壊が進んでおり、地球の未来に対する危機感を映画作家たちも共有して持っているということだろう。現実の切り取り方はさまざまなのに、これらの映画は、どこかでつながっているような気がしてならない。

ＢＩＦＦもＴＩＦＦも先行の国際映画祭（カンヌ、ベルリン、ヴェネチア）で受賞した秀作の上映もしている。両方に出品されていた〈ベルリン国際映画祭〉受賞作のトルコ映画『**沈黙の夜**』（レイス・チェリッキ監督）は、ＴＩＦＦでは〈アジアの風〉部門で上映され、最優秀アジア映画に選ばれた。村の掟により、老人と少女が結婚させられる。

ほとんど室内でふたりだけの作品だが、緊密で格調高い演出と、ときにユーモラスな俳優の演技で、下世話なカットはみじんもない。ベルリンでは〈ジェネレーション＋14〉という部門での最高賞受賞、すなわち、少年少女が選んだ賞だというのも納得。来日したチェリッキ監督は、上映後のQ＆Aで「新郎の老人も新婦の少女も因習の犠牲者。トルコだけでなく世界には、同じような悪習が残っていることを問題にしたいのです。ラストの解釈は観客にゆだねます」と語った。

最後にTIFFコンペティション出品作で、来年一般公開されるドイツ映画『**ハンナ・アーレント**』（マルガレーテ・フォン・トロッタ監督）に触れておこう。

著名な哲学者アーレントは、戦後イスラエルで開かれたナチ戦犯アイヒマン裁判の傍聴報告を書き、バッシングに遭う。アイヒマンは思考することを放棄したゆえに命令を忠実に実行してユダヤ人を大量に殺した、彼に罪の意識はないと書いたことが、アイヒマン擁護と取られたのである。彼女は理性でなく感情的な反発による攻撃にさらされた。これは今、私たちをとりまく空気に酷似しているではないか。めげずに信念を貫いた人を描いた力強い作品。

大阪民主新報　２０１２年11月11日

＊1　この年度から〈釜山国際映画祭〉は略称をＰＩＦＦからＢＩＦＦに変更。
＊2　『空き家』は『誰もいない家』というタイトルで〈大阪アジアン映画祭〉でも上映。

2013

デジタル時代のドキュメンタリー

秋の〈釜山《プサン》国際映画祭〉と春の〈全州《チョンジュ》国際映画祭〉、韓国のふたつの映画祭に通い続けている。後発の全州もすでに14回を迎えた。当初、デジタル作品を多く取り上げてきたが、今や、どこもそれが主流（撮影はフィルムでも上映がデジタルというのが普通になっている）だ。撮影がデジタル機器というのは、誰もが映画を撮ることができる時代を示す。それは、作品の幅を広げたけれど、一方では安易な製作にも結びついている。全州で数多く上映される韓国の独立系デジタル作品も、出来不出来の差がはげしい。

そんな中で、これぞプロの仕事だというのを見せてくれたのが、チョン・ジェウン監督のドキュメンタリー**『語る建築／シティホール』**である。前作**『語る建築家』**に続いて、アーキテクチャーの世界に挑んだチョン監督は、**『語る建築／シティホール』**で、ソウル市庁舎の改築という一大プロジェクトの舞台裏を存分に見せてくれる。建築はつまるところ造る人間の思想を表す。ゆえに映画はかかわった人間たちに肉薄していく。よくぞ撮れたと思う。今度ソウルに行ったら市庁舎を見に行かねば。

自分の関心が向くテーマを選んでいるせいでもあるが、今回も韓国で働く外国人労働者を描いた作品を多く見た。ちょうど4月28日付朝日新聞「アジア　成長の限界」でも取り上げられたソウル郊外安山《アンサン》市や、加《カ》里峰洞《リボンドン》に取材したドキュメンタリー『**風景**』（チャン・リュル監督）と『**カリボン**』（パク・ギヨン監督）である。苛酷で劣悪な条件。かつて韓国人は中東などに出稼ぎに行っていたが、今は立場が変わってアジア各地から労働者を迎える時代である。そこに社会の矛盾が集中している。

中国のドキュメンタリー『**マザーズ**』（シュー・ホイジン監督）は、政策を徹底するため、子どものいる女性に避妊リングをつけるよう説得してまわる担当者を描いたもの。男性ではなく女性の身体を管理しようとする国家は、中国だけではない。日本は少子化を憂い、逆の立場で〈産む性〉を管理しようとしているではないか。他人事ではない。

ブルガリアの『**ツヴェタンカ**』（エーリアン・タバコフ監督）は、自分の祖母であるツヴェタンカの一生とブルガリアの歴史を重ねたドキュメンタリーで、1時間ちょっとの上映時間ながら、さまざまな手法で描く手の込んだ作品。だらだら長い映画と見比べると、そのうまさが際立つ。

フィクション作品であるが、小林政広監督の『**逢う時は他人**』という中編は、なんと大阪市西区九条のシネ・ヌーヴォとその近くの中華料理店「吉林菜館」などがロケ地に選ばれており、物語より自分のよく知った場所が海外のスクリーンに映し出されることに感激した。

大阪民主新報　2013年5月19日

2013

誰の子でも関係ない

この10月に3つの国際映画祭に参加した。〈第18回釜山《プサン》国際映画祭〉（10月3日〜12日）、〈第12回山形国際ドキュメンタリー映画祭〉（10月10日〜17日）、〈第26回東京国際映画祭〉（10月7日〜25日）。駆け足であったがその報告をしよう。

釜山では、〈ニュー・カレント部門〉のスペシャル・メンションに輝いたフィリピン映画『**トランジット**』（ハンナ・エスピア監督）が印象に残った。この作品は、フィリピンから労働者としてイスラエルに移住した人々の物語。現地で生まれた2世を追放しようとする法律のもと、不安な状況に置かれている。ユダヤ人とのミックスで一見白人に見える娘は、イスラエル人として生きようとするが、母は「あなたにはフィリピンの血が流れているのよ」とそのアイデンティティを見失うなと訴える。別のシングルファーザーと息子の場合は、父が働いて不在の間、4歳のその子には危険がいっぱいだ。「トランジット」とは、中途半端な位置にある移住労働者にとって「永住」の地ではないという意味であろう。本作は11月に開催される〈東京フィルメックス〉にも招待されている。

山形では、〈コンペティション部門〉に出品されたカナダ映画『**物語る私たち**』（サラ・ポーリー監督）が興味深かった。

女優でもあるサラは、４人兄妹で自分だけが父親に似ていないと言われて育った。どうやら、やはり舞台女優でもあった母が、ほかの男性と親しくなって生まれた子どもらしい。サラは実の父親を探し、ついに発見する。しかしながら、彼女を育てた父は「誰の子でも関係ない。私が育てたのだから、私の子だ」というような人なのである。家族も親戚もこだわりなく、亡くなった母が奔放な人だったことを認めている。母親の情事の相手を訪ねる場面もあっけらかんとして、気持ちがいい。この突き抜けた感じは、『**そして父になる**』などと雲泥の差である。婚外子差別は違憲というのに反対する保守派議員に見てもらいたいものだ。

ドキュメンタリーといっても俳優による再現劇を挿入しているので、賞を逸したのかなと思ったが、一般公開してほしい作品だ（その後、公開された）。

〈東京国際映画祭〉は、国際映画製作者連盟（Ｆ／ＡＰＦ）公認の〈長編コンペティション部門〉のあるのが釜山とは違うところで、応募作品はアジアワールドプレミア、日本映画はワールドプレミアであることが必要。ということで日本初公開となった『**ほとりの朔子**』（深田晃司監督）に注目した。

大学浪人中の朔子（二階堂ふみ）は、母と血のつながらない妹である叔母さん（鶴田真由）に連れられて、ひと夏を海と山のある避暑地で過ごす。そこで福島から避難してきて叔父さんのところで働く孝史（太賀）と出会う。ふたりは大人たちの複雑な関係を垣間見て、また自分たちもそれに巻き込まれちょっぴり成長する。

最近の若い監督たちの日本映画が自分たちだけの狭い世界で終始する傾向とは一線を画したもので、深田監督は前作『**歓待**』でも見せた日本の現実への切り込みを忘れず、なおかつ瑞々しい〈社会派青春映画〉を作った。今後、フランスの〈ナント三大陸映画祭〉[*]など世界の映画祭に招かれているそうだ。

このように作品は世界をまわり、世界は映画を通してつながっていく。国際映画祭は異文化理解の懸け橋であり、平和と共生を体験する場なのである。

大阪民主新報　２０１３年11月17日

＊〈ナント三大陸映画祭〉では、金の気球賞（グランプリ）と若い審査員賞を獲得した。

2014

働いてつくった筋肉の力

〈第15回全州《チョンジュ》国際映画祭〉（5月1日～10日）が開かれ、今年も参加した。本来は華やかな映画祭であるが、セウォル号沈没事件*が発生したため、派手な行事は取りやめとなり、上映前には哀悼の意を表するテロップが流された。

全州は全羅北道の道都であり、ピビンバの本場であり、パンソリの発祥の地であり、李朝にゆかりのある歴史的な町だが、ソウルから高速バスで3時間半と、ちょっと地の利が悪い。しかし一度は観光に来てみてほしいところである。

ここで開催される〈全州国際映画祭〉は、〈釜山《プサン》国際映画祭〉につぐ規模を持つ映画祭で、当初からデジタル作品を積極的に取り上げてきた。そして、映画祭がスポンサーとなる「チョンジュ・デジタル・プロジェクト」で毎年3人の監督に中編を依頼、〈三人三色〉というプログラムにして上映してきた。今年も3人の監督が作ったが、今回は中編でなく長編でOKとなり、それぞれ1本ずつ別々の上映となった。その1本がパク・ジョンボム監督の『**生きる**』であった。

『**生きる**』は当初発表の上映時間が150分、その後195分と訂正が出され、実際の上映時間は170

分あまりだった。これは、上映日直前まで監督が編集をしていたためとのことで、実際に一般公開時は、また長さが変わるかもしれない。いずれにしろ、3時間近いバージョンになると思われるが、さすがにその長さが必要だと納得する作品であった。

主人公は寡黙な森林労働者（パク・ジョンボム）である。妹が心の病に侵され、その娘（彼の姪）とともに世話をしている。あるとき新しい職場で火事が起こり、その妹のせいだとされる。彼にはいろいろ言い分があり、間違ったことを言う相手を殴ったりもするが、起こったことの責任は引き受けようとする。

映画は、この男の働く姿をきちんととらえていく。苛酷な仕事であっても手を抜かず黙々とこなしていく。おそらく肉体的にもハードな役なので、自分で演じることにしたのではなかろうか。体育の教師を目指していたという経歴だそうだが、彼の肉体のたくましさは、他の韓流スターのエクササイズで作った筋肉とは違う、労働者の筋肉である。この映画では生きること＝労働することである。その姿を凝視する、そんな韓国映画（劇映画）は少ない。これを見られただけで全州に来たかいがあった。

もう1本、見てよかったのはドキュメンタリー**『ブラックディール　誰のための民営化？』**（イ・フンギュ監督）である。これは韓国の民営化政策を考えるために先行する国々に取材したもので、日本の国鉄民営化も取り上げられている（尼崎で起こったJR福知山線脱線事故も）。民営化政策は、政府や企業や学者が黒い取引（ブラックディール）をして生み出したものだということを検証する。同じ轍を踏まないために。

見逃した中にもすばらしい作品があったことを同行した友だちに聞くが、すべてはカバーできない。

個人的にはオーストリアのウルリッヒ・ザイドル監督の回顧上映（35ミリフィルムでの上映）がうれしかっ

た。ドキュメンタリーをフィクションのように、フィクションをドキュメンタリーのように撮るユニークな監督である。

大阪民主新報　2014年6月1日

＊　2014年4月16日に大韓民国の大型旅客船セウォル号が全羅南道珍島郡の観梅島沖海上で転覆・沈没し、死者300人以上をだした惨事。

2014

『ダイビング・ベル』上映をめぐり紛糾

例年のように〈釜山《プサン》国際映画祭〉（10月2日〜11日）と〈東京国際映画祭〉（10月23日〜31日）に参加した。圧倒的に釜山のほうが評判もよく人気があるのだが、私はそれを比較してどうこう言いたくない。参加したものが何を発見し、糧にするのかを大事にしたいと思う。

釜山では、セウォル号事件の記憶もまだ残る映画祭会場で、行政が事件の早期解決のために作った法案が真相究明につながらないと映画人たちが反対署名をしていたり、事件をある側面から描いた『**ダイビング・ベル**』（公開タイトル『**ダイビング・ベル　セウォル号の真実**』）という映画の出品をめぐって、釜山市長が上映中止を要求し問題になったりしていた（結局上映された）。

私にとって今年の釜山はロシア映画の年であった。

『**愚か者**』（ユーリー・ブイコフ監督）。旧ソ連時代に建てられたアパートが老朽化して今にも崩壊しそうだと、ある技術者が当局に訴えに行くが、お偉いさんたちはパーティの真っ最中で、危機管理意識はなく、アパート住民が８００人と聞いて、それぐらいの犠牲者はしかたないとまで考える。そして何とか隠蔽しようとする。どこの国にも、こうした官僚や政治家がいる。〈愚か者〉はいったいどっちであるか。私には福島を見捨てるわが国のトップとダブって見えた。

『シャガールとマレーヴィチ』は、**『モスクワ、わが愛』『未来への伝言』**など日本との合作で知られるアレクサンドル・ミッタ監督の新作だ。80歳を超えた監督の代わりに女優がゲストで来たと挨拶。映画はまったく作風の違うふたりの芸術家と時代のかかわり方を描く。シャガールの絵のように登場人物は空を飛び、マレーヴィチのように四角三角の構図を模した列車が走る。見る喜びにあふれた作品。

旧ソ連といえば、今年の特集の中に〈グルジア（＝ジョージア）女性監督特集〉があって、サイレント時代から祖母・母・娘の3代にわたる映画監督一家がいるというのに驚いた。

韓国映画で人気のある作品は毎年ほぼソールドアウトなので、私は地味なドキュメンタリーを狙う。**『ファクトリー・コンプレックス』**（イム・フンスン監督）は、過去、どれほどの女性労働者が搾取されてきたか、彼女らが会社や資本とどう闘ってきたかを描く。東一紡織から韓進重工業まで、これまで別のドキュメンタリーで見た人もインタビューされていて、ある意味なつかしい。最初のシーンはカンボジアの女性労働者の姿で、今や企業は外国に進出して同様の収奪をしているという。男性のイム監督は、自分の母や姉の働く姿を見てきて、女性労働者のことを描きたいと思ったそうだ。

映画祭作品ではないが、新作**『提報者　ES細胞捏造《ねつぞう》事件』**の封切りキャンペーンで釜山を訪れたイム・スルレ監督とばったり。ソウルよりこっちのほうが取材されるからと釜山で舞台挨拶に来たそうな。ES細胞捏造事件を告発したジャーナリストの原作映画化で話題を集め、公開週は動員トップの成績。いずれ日本で見られることを期待する（その後、日本でも公開）。

釜山に『**欲動**』を、そして東京に『**マンガ肉と僕**』と、立て続けに撮った2本を出品した杉野希妃監督。すでに女優・プロデューサーとしては知られる彼女のデビュー作と第2作を見て、新人らしからぬその腕前に感心した。女性のエロスをとらえた『**欲動**』で〈釜山国際映画祭〉新人監督賞を受賞。『**マンガ肉と僕**』は既成の価値観への疑問を投げかける作品で、尊敬する溝口健二監督へのオマージュが見て取れた。日本映画界に新風を起こす大型新人監督の誕生だ。杉野監督に会えたので「おめでとう」を言った。

釜山で見逃したアン・ホイ監督の『**黄金時代**』を東京で見る。魯迅と親交のあった女性作家・蕭紅の一生を描く大作で、ある意味〈反時代〉的な作家ゆえに再評価されているらしい。今の中国と香港の関係を念頭に置いてみると含みがあると思う。

映画は時代を写す鏡だ。集中して見る映画祭では特にそれを感じる。保守化する社会は日本だけではないと感じるし、それに逆らう勢力もまた世界には健在だ。

大阪民主新報　２０１４年11月16日

2015

まだ見ぬ傑作を探す醍醐味

〈第16回全州《チョンジュ》国際映画祭〉（4月30日～5月9日）に参加した。ソウルから高速リムジンバスで3時間半という行程だが、渋滞にかかって到着は1時間半も遅れた。今年からリムジンターミナルが移転している。映画祭のメイン会場はシネマストリートと名づけられた通り、上映館が集合している利便性のよい映画祭のはずが、今年は別会場（孝子洞《ヒョジャドン》）のシネコンも使う。というようなことで、いつも変化があり、毎年来ているからと言って、慣れることはない。映画祭が出してくれるシャトルバスは、なぜか夜の回終了時間には運行していないというのがちょっと心配だ。どうしても見たい映画が夜の回のその映画館しか上映しないとあって、帰りはタクシーかと思っていると、先に来ている知人が「タクシーはなかなかつかまらないですよ」という。結局、路線バスで帰ることができた。ちょっとした冒険だ。というのも、孝子洞というところは再開発地域で旧市街からは離れているのである。

そうまでして見たかった作品は『**雪道**』という、いわゆる〈従軍慰安婦〉にさせられたふたりの少女の物語である。逃亡の途中、ひとりは死ぬが、生き延びたもうひとりは、一人暮らしのハルモニになった。隣りに住む少女は母に捨てられ、生きるため身体を売ろうとしている。それを知ったハルモニは彼女を救い、自分の境遇を語る。もともとＫＢＳテレビドラマとして放映されたものを映画化した。歴史を現代に伝える作品として、また女性たちの連帯の作品として企画されたと思う。女性監督イ・ナチョン作品（日本でも自主上映された）。

ドキュメンタリー『**チュニマギ**』は、チュニとマギというふたりのハルモニが共同生活している日常をユーモラスにとらえた作品。ふたりは姉妹か親戚かという感じで見ていると、医者にふたりの間柄を聞かれて〈同じ男の妻同士〉ということがわかる。１９６０年代までは、跡継ぎの男子がいない家は代理母を迎えることがよくあった。夫が早くに亡くなったので、ふたりはもう40年も一緒に暮らしているという。代理母が生んだ息子は法事にしか来ない。パク・ヒョクチ監督は男性だが、ふたりの信頼を得て、カメラを意識しないほど自然な表情やしぐさを撮るのに成功した。本作はＣＧＶアートハウス配給支援賞を獲得した。

海外作品では、アルトマン、ファスビンダー、ソクーロフら有名監督についての映画が特集上映され、私は*『**グアナファトのエイゼンシュテイン**』（ピーター・グリーナウェイ監督）を見た。『**戦艦ポチョムキン**』などの成功のあと、エイゼンシュテインはメキシコで映画を撮ろうとする。そこで出会った色男とのアヴァンチュール。とても破天荒で、どこまで史実なのかわからないが、異国の空気の中で生き生きとしたエイゼンシュテイン像がユニークだ。

トルコの『**私の息が止まるまで**』（エミネ・エメルバルシ監督）は女性監督らしく、ひとりの若い女性の働く苛酷な環境をていねいに描いて、世界共通のテーマを見せてくれる。なんとか現状打破を願い奮闘するヒロイン役のエスメ・マルダさんに特別メンション賞が贈られた。

２００もの上映作品の中からほんの少ししか見られないので全貌を語ることは難しいが、今年は去年の**『生きる』**のような圧倒的な作品と出会わなかった。それでも、日本で公開されるかどうかわからない作品を見られてよかったと思う。世界にはまだ見ぬ傑作があるはずだと探すことが映画祭の醍醐味だから、私は通い続けるだろう。

韓国作品だが、私財で京都に高麗美術館を開いたチョン・ジョムン（鄭詔文）さんのドキュメンタリー**『鄭詔文の白い壺』**（**『羊が1匹、羊が2匹』**のファン・ジョルミン監督）が上映されたことも付記しておこう。

大阪民主新報　２０１５年5月31日

＊〈ラテンビート映画祭２０１５〉でのタイトルは、『エイゼンシュテイン・イン・グアナファト』。

2015

セウォル号犠牲者への鎮魂

国際映画祭は世界中で毎日のように開かれているのだが、10月は釜山《プサン》（韓国）、山形、東京と、近場で3つもあったので、参加してきた。

〈第20回釜山国際映画祭〉では主に韓国の新作映画を見た。注目したのは『**チスル**』のオミョル監督の『**まぶた**』である。小さな島にひとり住む老人がいる。石臼で餅を作っている。ときどき人が訪れる。どうやら海で死んだ人が、この島に来て天国に行くらしい。映画は静謐な映像で綴られた象徴詩のようだ。岩だらけの海岸に波が寄せて返す。引き潮になると岩の間から石仏の顔が浮かび上がる。そのイメージだけで引き込まれた。後半、高校生の男女と先生がやってくる。老人は言う。「きみたちはまだここに来るべきじゃない」と。おそらくこの作品はセウォル号で亡くなった人たちへの鎮魂のために作られた。同時に、4・3事件の犠牲者をはじめ、すべて海の底に沈んだ人へ捧げられていると思った。

冒頭に達磨大師の伝説が引用される。面壁9年の修行の際、睡魔に襲われないように、まぶたをちぎり捨てたと。映画のタイトルはここから来ている。その寓意は何であるか。『**まぶた**』はCGVムーヴィーカレッジアワード、韓国監督組合賞を受賞した。

釜山滞在中に、高速バスで1時間半の港町、統営《トンヨン》に行った。ここの市民文化会館で『**ふたつの祖国、ひとつの愛〜イ・ジュンソプの妻**』（酒井充子監督）を上映するというのである。画家イ・ジュンソプはこの港町に住んでいたことがある。ゆかりの地ということで特別上映されたので、宣伝にかかわった関係者のひとりとして表敬訪問した。ホン・サンス監督『**ハハハ**』のロケ地でもある。

〈山形国際ドキュメンタリー映画祭2015〉。ここでも韓国のドキュメンタリーに惹かれた。『**私の非情な家**』（アオリ監督）は、実父による性的暴力を告発したイルカ（ニックネーム）の話だ。裁判に訴え、二審で父に実刑判決が出る。このときの裁判官の発言がすばらしい（映像はもちろん撮れないが、声も隠し録りであろう）。被害者に寄り添った情の厚い言葉であった。イルカさんは顔も出し、この映画の公開もしてほしいと言っているそうだが、監督は一般公開はためらうという。ネチズンといわれるネット社会の住民による批判に一家がさらされるからだ。さらに母も妹たちも父をかばい、イルカさんを非難している。とても困難な苦しい状況をよく映画にしたと思う。クレジットに私の友人のチミン監督がプロデューサーとして載っていたので、メールして確認すると「私はプロデューサーとライターもした」という返事。シナリオにも参加したらしい。女性グループが支援して映画を作っているのだ。この作品は日本映画監督協会賞を受賞した。

〈第28回東京国際映画祭〉は、通商産業省（現経済産業省）や電通などが主導して開催されているなどと不人気でもあるけれど、プログラミングディレクターの矢田部吉彦さんの努力で毎年、よい作品が出品されるようになってきている。

今回は、偶然にもグランプリを獲った『**ニーゼ**』（ブラジル、ホベルト・ベリネーゼ監督、公開タイトル『ニーゼと光のアトリエ』）を見ていた。

1944年、統合失調症の患者にはロボトミー手術がほどこされ、人間らしい扱いをしなかった時代に、患者の治療に絵を描かせたりしてその能力を見いだし、社会参加を促した女性医師ニーゼの実話である。最後に本人も登場する。ニーゼに扮したグロリア・ピレスが最優秀女優賞に輝いた。『**人生、ここにあり**』を思い出した。イタリアがバザーリア法で精神病院をなくしたのは1978年。ブラジルのニーゼの実践はそれより30年も前なのだ。映画は、知らない歴史を教えてくれる。

映画はいつも見たものの世界を広げてくれ、人間の可能性、芸術の可能性を教えてくれる。

大阪民主新報　2015年11月15日

ハプニングで受賞式に出席

〈第11回大阪アジアン映画祭〉は3月4日～13日まで、市内4会場で開催され、〈おおさかシネマフェスティバル〉は3月6日エルセラーンホテルで開かれた。

〈おおさかシネマフェスティバル〉は「映画ファンのための映画まつり」として発足して今年で40回！ ここしばらくは〈大阪アジアン映画祭〉の協賛企画だったが、外れて単独主催となる。同じ時にぶつかっているからスケジュール調整が難儀だったけど、私の配給協力作品『**3泊4日、5時の鐘**』の三澤拓哉監督が新人監督賞に選ばれたので、授賞式とパーティに顔を出した。主演女優賞の樹木希林さんと総合司会の浜村淳さんの存在感がすごくて（ふたりで150歳以上）、2ショットは見ものだったよ。

〈大阪アジアン映画祭〉の方は、事務局から依頼されて公式カタログの作品紹介を2本書いた（DVDは英語字幕だけだったので、もう一度劇場上映で見

大阪アジアン映画祭のゲストと

直したけど）。韓国映画『**豚のような女**』と、同じく韓国ドキュメンタリー『**いばらきの夏**』（公開タイトル『**でんげい わたしたちの青春**』）。どちらもいい作品で『**豚のような女**』はグランプリを獲ったのでうれしかった。

映画祭では思わぬ出会い（映画だけでなく作った人とか）があるので楽しいのだが、今回は格別な出来事があった。最終日の朝、映画を見ている最中に留守電があり、オープニング上映の台湾ドキュメンタリー『**湾生回家**《わんせいかいか》』が〈観客賞〉に選ばれたというのだ。監督はとっくに台湾に帰ったし、配給元の社長も東京に帰っていて、この映画の関係者はあなたしかいないので、代理で授賞式に出てくれというのが、社長さんからのメッセージだった。なんで私が関係者かというと、この作品は今秋公開が決まっており、関西の宣伝を私が担当することになったからである。「喜んで出席させていただきます」とは言ったけどセレモニーなんて出るつもりなかったから、カジュアルな格好だ。知ってたら、もうちっとドレスアップしたのにねえ。ま、それはともかく、受賞された方々と一緒に記念撮影してもらい、名誉なことだった。おまけにレセプションにも出たので、そこで作品紹介を書いた『**豚のような女**』のチャン・ムニル監督や『**いばらきの夏**』*のチョン・ソンホ監督にも会えてご挨拶、お話してサインもいただけてラッキー。

正直、『**豚のような女**』がグランプリを獲るとは思わなかった。さ

大阪アジアン映画祭でチョン・ソンホ監督と

びれた漁村を舞台にしたたくましい女たちの話で、男の争奪戦とか、伝統的な田舎のコメディを踏襲している娯楽性の高い映画だったから。とはいえ、この〈大阪アジアン映画祭〉は相対にアジア各国の娯楽映画が多く（娯楽映画といっても、日本で見る機会が少ないから、その選択は悪くない）、芸術性の勝った作品は少数派である。

私のお気に入りはモンゴル・ドイツの合作**『そんな風に私を見ないで』**（ウィゼマ・ボルヒュ監督）。これは〈来るべき才能賞〉を受賞した（最後までグランプリを争ったそうだ）。5歳でモンゴルから東ドイツに移住したボルヒュ監督が自ら主演し、奔放に自分の欲望に忠実な女性像を描いていて、うなった。実はずっとアジア映画に浸っていると無性にヨーロッパ映画が見たくなっていたので、本作のヨーロッパティストは、もろ私のツボだった。パートナーの撮影監督と来阪したボルヒュ監督は、スレンダーで長身のかっこいいモデルさんみたいなルックス。ヒロインは、男性とも女性ともセックスするが、レズビアンではないと言い、そんな風にセクシュアリティを決めつけないで（タイトルはもっと広い意味だけど）というわけだ（私は、中国のリー・ユー監督を思い出していた）。モンゴル民族はもともと性に対してはオープンな民族だと思う。むしろ仲良くなったドイツ人のシングルマザーの方が「ヒロインについていけない」というのも面白かった。

モンゴルのウィゼマ・ボルヒュ監督

『湾生回家』に話を戻すと、オープニング作品はコンペ外なので受賞対象ではないと思っていたら、〈観客賞〉は上映したすべての日本初上映（プレミア）作品が対象で、『湾生回家』は圧倒的な支持を得たという。湾生すなわち、日本の植民地時代に台湾で生まれた日本人を指し、戦後日本に帰った彼ら彼女らのうちにある台湾への思いをとらえた作品である。ホアン・ミンチェン監督は、単に台湾の人たちが優しいからかつての支配層の日本人を受け入れるというのではなく、いいことも悪いこともあったのは当然で、それでも台湾で生まれてよかったという日本人たちを迎える台湾人の有徳の心を見せてくれるのである。

オープニング上映時に映画に登場した日本人数名が登壇し、上映後は彼ら彼女らにスタンディングオベーションの大拍手が送られたので、いちばん人気というのは理解できる。ただ、日本人は手放しで喜ぶだけではいけないと思うのだ。そこで「よかった」と思考停止してはダメだ。ヒットすると思うけど、単純に見てはいけないと思っている。

とても私的なシネマガイド　２０１６年3月号

＊　その後、私の会社で全国配給することになった。

大阪アジアン映画祭の会場風景

2016

貧困と孤独は各国共通のテーマ

〈第17回全州《チョンジュ》国際映画祭〉に参加したが、今回の報告は毎年秋に開かれている〈釜山《プサン》国際映画祭〉のことから書き始めないといけない。一昨年、釜山で上映されたドキュメンタリー『**ダイビング・ベル**』をめぐって釜山市長が上映中止を要求し、拒否した映画祭側（実行委員会）と対立執行委員長を事実上更迭、現在、多くの映画人が今年の〈釜山国際映画祭〉のボイコットを呼びかける事態となっている。

私は先日、日本で行われた上映会で作品を見た。セウォル号事件の真実を追及しようとする報道や救助に向かったボランティアが、行政の側から妨害される場面が描かれており、政権や官僚の隠蔽体質を浮き彫りにする。その体質は韓国だけでなく日本にも当てはまるのではないかと思った。

国際映画祭で上映される作品についての政治介入は許されないし、たとえ政権批判の作品であっても、過去何本も、どこの映画祭でも上映されてきた。本年の釜山がどうなるかわからない状況の中での〈全州国際映画祭〉の開催となった（こちらは別の組織の運営である）。

毎年、同時間帯に見たい映画が重なっていて、選んだほうがハズレだったりすると悔しいのだが、今年はことごとく失敗したような気がする。友人たちが知らせてくれた未見の良作にも触れながら、今の韓国を写している作品などを紹介してみたい。

キム・デジュン（金大中）大統領時代の2001年に作られた韓国人権委員会は、2003年『**もし、あなたなら～6つの視線**』を第1作として、人権にかかわる多様な作品を作り続けている。シリーズ最新作『**視線の間**《あいだ》』は3監督によるオムニバスで、うち1本には、アイドルグループ〈SHINHWA〉のキム・ドンワンが出演しているのが話題になっていた。私には彼が出た映画ではなく、女性の保険外交員のしんどさを描いた作品の方が面白かった。

このシリーズは、複数の監督が手がける場合、必ず女性監督が参加していたのだが、今回はすべて男性監督だった。上映後、人権委員会のプロデューサー（女性）が、予算がなく続けられるかわからないと訴えていたが、人権委員会製作でなくても、他の作品（特に短編）で、シリーズに入れてもいいと思うような問題意識の作品が多数ある。それほどこのシリーズは映画人たちに影響を与えたと思う。とりわけ格差社会が及ぼす問題を取り込んだ作品に多く出会った。

『**運動会**』は、娘が小学校の運動会で競争する二人三脚の話と、その家族がバラバラな状況をコメディとして描いた娯楽作。父はリストラに遭い、母は誘われて宗教団体の奉仕活動に行き、祖父は右翼団体にスカウトされ、居候で売れないシナリオライターの叔父さんは、先輩のバイトについていくと労働争議つぶしの暴力団であった。というわけで、労働組合に集まっているところで全員が鉢合わせする。結局、状況が変わるわけではないけど、家族の結束だけは取り戻したところで終わる。

『**少年、チャンギ王になる**』は、英語タイトル“Garak Market Revolution”に惹かれて見た。チャンギは韓国の将棋のこと。ホワイトカラーへの就職ができず市場の商店で働く青年が、なんとか金儲けをしようと奮闘する青春コメディ。ここでも、上流階級の初恋の人がホームレス支援活動しているというエピソードに、格差社会を見せる。主人公は祖父譲りのチャンギの腕でお金は手に入れるけれど、仕事はやはり元のままだ。

私が見られなかった作品だが『PRESS』もまた労働者の状況、そこに宗教団体の話が絡んでくるものだったという。貧しく過酷な環境で孤立させられた人にさまざまな団体の人がやさしく手を差し伸べるという場面が、よく現れた韓国映画。その他の国々の作品も貧困と孤独が共通のテーマであった。

大阪民主新報　２０１６年5月15日

2017

大統領選を意識した作品選択

大統領選挙直前の開催となった〈第18回全州《チョンジュ》国際映画祭〉（4月28日～5月6日）に参加した。サードミサイル配備に対する中国政府の韓国への旅行禁止措置や、日本政府の恐怖を煽るような警告のせいか、いつになく人が少なく、出入国はスイスイと進んだ。ずらっと並んだ大統領候補者15人のポスターを見ると、各候補者に番号が振られている。私の韓国の友人たちは1番と5番の支持者がほとんどだ。結果はご存じの通りムン・ジェイン（文在寅）氏が約41パーセントで新大統領に選ばれたが、保守派が20何パーセントかで続き、侮れない。

今回、私が映画祭で主に選んでみたのは、そういった韓国の政治状況を反映したドキュメンタリーだ。**『ミス・プレジデント』**は、今もパク・チョンヒ（朴正煕）、パク・クネ（朴槿恵）父娘を支持する〈パク・サモ〉と呼ばれる人々に密着した作品。その人々はパク・チョンヒの妻で国母と呼ばれたユク・ヨンスも敬愛し、それぞれの生家など聖地巡礼をする。

キム・ジェファン監督は、これまで社会風刺のドキュメンタリーを撮ってきた人なので、決して〈パク・サモ〉に同調しているのではないが、一切コメントをせず、彼ら彼女らの言動だけを切り取る。いわゆる観察映画の手法である。

一方『*盧武鉉《ノ・ムヒョン》イムニダ』（イ・チャンジェ監督）は、悲劇の死を遂げたノ・ムヒョン前大統領を慕う人々〈ノ・サモ〉にインタビューしたドキュメンタリー。タイトルは「ノ・ムヒョンです」という意味。2002年、新千年民主党内部で大統領候補を決める闘いにおいて、最初は有利といわれたイ・インジェ候補をひっくり返したノ・ムヒョンの姿を追う。無名の彼を押し上げたのは〈ノ・サモ〉たちであった。

劇映画『弁護人』に描かれたのはまだ政界入り前のノ・ムヒョンで、その後の足跡はこのドキュメンタリーに続く。ただ本作は、愛された彼だけが描かれるため、〈ノ・サモ〉には自明でも、彼を知らない人には大統領としてどんな政策をしたのかが説明不足である。

ノルウェイ／ラトヴィア合作『リベレイション・デイ』（公開タイトル『北朝鮮がロックした日』、モルテン・トラビック、ウジス・オルテ共同監督）は、旧ユーゴスラビア出身のロックグループ〈ライバッハ〉が、解放記念日に平壌《ピョンヤン》で開かれたコンサートに出演するというドキュメンタリーで、いささか過激なファッションで独裁国家を風刺したりもするこのバンドが、無事に平壌公演できるのかというあたりが興味深い。結局妥協して演奏するのが「サウンド・オブ・ミュージック」というのが何ともおかしい。

バンドメンバーは北朝鮮に着くや、お決まりのセレモニーに連れて行かれる。巨大なキム・イルソン（金日成）・キム・ジョンイル（金正日）親子のスタチュー詣でである。映像ではおなじみの銅像であるが、『ミス・プレジデント』では、この親子像に劣らぬ巨大なパク・チョンヒ（朴正熙）像に人々がひれ伏する場面が出てくるので、私は、こうした偶像崇拝の心性がイデオロギーを問わぬことに驚く（巨大なノ・ムヒョン像は出てこなくてよかった）。いや、観念ではなく感情的な崇拝は宗教に近く、カルト信者にも似てくるように思う。

劇映画ではクロアチア＝チェコ合作の『**ミニストリー・オブ・ラブ**』（パボ・マリンコビッチ監督）が面白かった。旧ユーゴの内戦で男性が戦死、未亡人が増えたため遺族年金が国家財政を圧迫する。そこで、女性が男性（あるいは女性）と同居していないかチェックして、見つけ次第、年金を取り上げる職務につく公務員の話である。タイトルの意味〈愛情省〉は、国家が愛を管理することに由来するが、これはオーウェルの『１９８４』からの引用であろう。日本だって、生活保護受給者へのチェックは同じようなことをしているのではないか。

一般劇場で公開中の『**特別市民**』も見た。ソウル市長選挙を題材にした作品で力作だったが、現実の方がより生々しいせいか観客は少なかった。

大阪民主新報　２０１７年5月21日

＊『**盧武鉉イムニダ**』は日本でも自主上映された。

2018

改革に着手した釜山国際映画祭

〈第23回釜山《プサン》国際映画祭〉は10月4日から13日の開催で、6日には大型台風25号の直撃に見舞われたが、野外の催しは室内に変更、会場周りの看板などはあらかじめ撤去して、無事、上映は続行された。

2014年に上映作品をめぐって釜山市長が介入して以後、紆余曲折があったが、今年は、一時役職を離れていたイ・ヨングァン氏が映画祭理事長に復帰、改革に着手した。

たとえば、近年、映画の殿堂があるセンタムシティ周辺が映画祭のメイン会場となり、1996年の記念すべき第1回のメイン会場である南浦洞《ナンポドン》地区はほとんど映画祭のイベントがなくなっていたのを見直し、今年は南浦洞でも開幕のイベントがあったようだ。本格的な改革は来年になるだろう。ある意味、大きくなりすぎた映画祭の原点を見直す時期かもしれない。具体的に上映される作品の傾向が変わったかどうか、私が見ることができた作品はほんの少しなので、特に顕著な発見はなかった。今年はまだ過渡期と考えていいだろう。

私は主に〈韓国映画の今〉という部門の作品を見た。ここではLGBTをはじめとする性的マイノリティや児童への性的虐待も含む子ども視点の作品、またいわゆる従軍慰安婦に関する映画が複数並んでいた。

『ヨンジュ』（チャ・ソンドク監督）というヒロインの名をタイトルにした映画は、両親を交通事故で亡くし、弟とふたりになったヨンジュ（キム・ヒャンギ）が、加害者である豆腐屋でアルバイトをすることで復讐の機会を狙うが、その夫婦がヨンジュをかわいがり、ついに嘘がつけなくなり、告白するという物語。希望の見える映画で救われる。

『石ころ』（キム・ジョンシク監督）は、知的障害のある青年が、少女をレイプしようとしたと誤解され裁判にかけられるが、誰も理解してくれず、ついに彼は自殺するという、なんとも悲しい話で救いがない。もう少し、きちんと彼と対応できる人物を出してほしいが、牧師をはじめ皆が皆、彼を犯罪者と決めつけているのでやりきれない。

『ヨンハの風』（キム・ユリ監督）もまたヨンハという少女への性的虐待を描く（もちろん直接描写は避けている）、深刻な作品。私は見逃したが**『季節と季節の間で』**はレズビアンやトランスジェンダーの当事者が自尊心を持って生きている姿が描かれた良作であると聞いた。

また聴覚障害者の両親の間に生まれた健常者の娘が、兄弟も聴覚障害なので、家族の中で逆に自分ひとりが疎外感を持つというような設定の**『私はポリ』**もよかったという話で、さまざまなマイノリティの韓国映画が作られていることがわかる。

外国作品では、香港・中国のドキュメンタリー**『チャイニーズ・ポートレート』**（ワン・シャオシュアイ監督）がユニークだった。中国大陸のあちこちで、対象になる人物に1分間動かず正面を見てもらうというスタイルでつないでいく。町、工場、牧場、鉱山、食堂、列車、人々が生活する場面の圧倒的な存在感。解説も音楽もない。ロシア映画**『レト（夏）』**（キリル・セレプレンニコフ監督、公開タイトル**『LETO』**）は、

1980年代のソ連でロックのカリスマだったヴィクトル・ツォイの青春を描く作品。先輩のロッカーとその妻との三角関係があるが、それよりも当時の音楽シーンとその空気感を伝えようとしている。画面を加工したポップな映像が魅力的だ。ツォイは朝鮮系ロシア人である。今回、高麗人（コリョサラム）＝旧ソ連に暮らす朝鮮人を取り上げたミニ特集もあった。彼らも、その土地ではマイノリティである。

個人的には、10年前釜山で見て感激したカザフスタン映画『**スターリンの贈り物**』のプロデューサー・アーリャさんと会えてうれしかった。その年の大阪民主新報に書いた記事を見せることができたのである。彼女は今、日本とカザフスタンのかかわりを描く作品を作りたいと企画を持ってきておられた。これもご縁、何か協力できるとよいのだが。〈釜山国際映画祭〉に通いだして22年、韓国社会の変化、世界の変化を映しだす映画への旅は終わらない。

大阪民主新報　２０１８年10月21日

2019

韓国映画100周年記念の年

20回目を迎えた〈全州《チョンジュ》国際映画祭〉は、過去最高の8万5900人の観客を動員して盛況であった。期間中52ヵ国275本（短編74本を含む）の作品が上映されたうち、ほんの十数本しか見られなかったので全体的な報告は不可能であるが、私なりの選択で見た映画から感じたことを書いてみたい。

本年は韓国映画100周年にあたり、新たな光を当てるべき過去の作品の特集上映が組まれ、イム・グォンテク監督『**チャッコ**』、イム・スルレ監督『**ワイキキ・ブラザース**』、パク・クァンス監督『**美しき青年全泰壱**』、チョン・ジェウン監督『**子猫をお願い**』などが取り上げられた。

『**チャッコ**』（1980年）は、チャッコ（獅子鼻）とあだ名されるパルチザンと彼を追う討伐隊の警官の30年後の邂逅と因縁をコミカルに描いた作品。軍事政権下の当時、お蔵入りになりかけた本作を救うべく、映画評論家たちがわざと〈優秀反共映画賞〉を与えることで一般公開（1983年）にこぎつけたといういわく付き。今見ると、決して〈反共〉映画ではないことがわかる。

『**美しき青年　全泰壱**』（1995年）は、1970年、労働者の権利擁護のために闘い焼身自殺したチョン・テイル（全泰壱）について調べている作家の視点で、青年の内面と当時の状況が描かれる。1975年という時代設定で、作家は反政府運動のため官憲に追われている。この20年間の韓国社会の変容（軍事政権から民主化へ）を重ねてみることができる。

新しい韓国映画のいくつかは現代社会の生きづらさと出口のなさを描くものが多く、若者にとって未来が明るいとはいえない社会は世界共通だと感じる。

『**社会生活**』（イ・シーデ監督）は、会社に適応しようと必死の男性社員が、本社から左遷された女性社員を他の同僚たちが無視するのを見かねて、彼女と話すようになるも、結局体制側についてしまうという救いのない作品。職場のいじめがリアルすぎて見るのもつらかった。

『**国都劇場**』（チョン・ジヘ監督）は、国家試験に10年間落ち続け故郷に帰ってきた女性が、地元に残る映画館の受付に採用され、看板描きの中年男性や、同窓生の青年と交流する物語。『**ペパーミント・キャンディー**』など時代を表す映画の看板がノスタルジックで、『**八月のクリスマス**』などのホ・ジノ監督に近いテイストの作品。

日本とかかわりのある韓国作品もいくつかピックアップしておこう。

『**金福童**《キムボクトン》』[*]（ソン・ウォングン監督）は、1992年、元〈慰安婦〉だったと名乗り出たキム・ボクトンさんの姿を追ったドキュメンタリー。ボクトンさんは日本政府の謝罪を求めて来日、慰安婦問題に関してひどい発言をした橋下徹大阪市長（当時）にも面会を求めるが拒否される。彼女は水曜デモの先頭に立ち、日本の朝鮮学校への寄付や、アフリカのレイプ被害者救済基金を作るなど人権と平和を守る闘いに参加、2019年1月に92歳で亡くなった。自分がつらい思いをしたからこそ、他の人が同じような思いをせずにすむことを願った人権活動家の魅力を伝える作品で、タバコをおいしそうに吸うボクトンさんの横顔は本当に美しい。
『**火の呼吸**』（コ・ヒヨン監督）は、陶芸家の父と彼のそばで黙って陶芸を学ぶ娘の姿をとらえたドキュメンタリー。父は事故で死んだ息子にあとを継がせたかったので、娘には何も教えなかったのだ。父の作る陶芸の技術は、昔、朝鮮から日本に伝えられ、今や当時の日本の器は国宝となっている。父娘はそれを見るために京都を訪れる。この映画には、どちらの国が優位であるといった姑息な対立軸とは無縁な芸術家の本物を追究する態度がきちんと描かれている。不条理な大都会を描く〈インターナショナル・コンペティション部門〉でグランプリとなった中国／ドイツ／セルビア合作『**From Tomorrow On, I Will**（原題／**春暖花升**）』（イヴァン・マルコヴィッチ、ウー・リンフェン監督）は大都会北京《ペキン》で、出稼ぎ労働者のリーが夜勤で昼間寝ているベッドを、他の男が夜使うことでルームシェアしているという設定。リーは夜中にビルの見回りをして、見知らぬ男の死体を発見する。不条理な都会をスタイリッシュな映像で見せる作品だった。

そして愛すべきアニエス・ヴァルダ監督の遺作『**アニエスによるヴァルダ**』を見られたことと、この映画を韓国で配給する方に、偶然飲み屋で遭遇し、素敵なカードをもらったことを付記しておこう。いつも面白い出会いがある映画祭だ。

大阪民主新報　２０１９年６月９日

＊　日本では自主上映された。

2019

釜山国際映画祭の改革と変化

かれこれ20年も通っている〈釜山《プサン》国際映画祭〉（ＢＩＦＦ）であるが、こんなに日韓関係が冷え込んでいる状況ははじめてだろう。だからこそ、参加しようと思ったたし、去年の報告でも書いたようにＢＩＦＦの改革と変化を見ておきたいと思った。

第24回ＢＩＦＦは10月3日～12日開催され、例年同様20万人近い観客を集めた。しかし全体には予算が少なく地味な印象を受けた。公式カタログもなし、デイリーニュースの発行部数が減ったのか入手しにくくなったこと、海雲台《ヘウンデ》ビーチでのイベントをなくし、ＢＩＦＦ発祥の南浦洞《ナンポドン》でも上映や行事を復活させたが、地元の人が見るのは韓国映画のヒット作再映の方で、外国の新作にはあまり興味を示さないことなど、ちょっと寂しい感じもした。

日本との関係でいえば、開幕作、閉幕作とも日本が絡んだ作品だったたし、本年度アジア映画人賞を是枝裕和監督に贈り、変わらぬ友情を示してくれたし、毎年参加している日本人たちも「私たちは韓国と韓国映画が好きです」というアピール行動をした。私自身も大好きな人との再会が果たせてうれしかった。

大阪の建国高校伝統芸術部の厳しい練習ぶりを描いた『**でんげい**』の日本配給を引き受けたことで、チョン・ソンホ監督との付き合いがはじまったのは4年前。そのチョン監督から「新作が完成して映画祭で上映するので見にきてほしい」という知らせがあり、喜んで駆けつけた。

新作のタイトルは『**ウリアッパ**』（われらが父さん）。戦後、孤児たちを集めて保育園「ソヤンムジゲトンサン（子羊虹の丘）」を開いた父のあとを引きついだチ・ヒョンシク園長が、子どもたちに楽器を教えオーケストラを組織し、アメリカ公演を果たす。しかし病を得て他界。妻のイム・ジョンオクさんがあとを継いで園長となり、オーケストラも継続している。亡くなった先代園長を子どもたちは〈ウリアッパ〉と呼んで慕った。前作同様、チョン監督は子どもたちの表情を生き生きととらえ、先生との敬愛と信頼の姿が胸を打つ。

制作は『**でんげい**』と同じく釜山MBC（テレビ局）、上映後には社長の挨拶があり、さらに現在の指揮者ク・ヒョニョンさんの指揮のもと、ソヤンチェンバーオーケストラのメンバーの生演奏も披露され、大いに盛り上がった。

ところが、この上映プログラムは映画祭のスケジュール冊子にも掲載されていない。その事情を聞いた。今回の上映は〈コミュニティBIFF〉という観客がリクエストして上映する〈観客の観客による映画祭〉で選ばれた1本だということだった。これもBIFFの新しい試みだったのであるが、あまり知られていない。しかも会場は南浦洞なので、センタムシティのメイン上映会場からは遠い。そういう貴重な催しに参加できて本当によかった。

BIFFのドキュメンタリー部門（ワイドアングル）の審査員としてソウルから来ていたチョン・ジェウ

ン監督とも会うことができた。彼女は去年『**蝶の眠り**』という、東京ロケでほとんど日本語のセリフというラブストーリーを発表した（日本でも中山美穂主演で公開された）。彼女は今の日本の状況を心配している。『**子猫をお願い**』のときからほぼ20年近い友だちで、私たちの信頼関係はすこしも変わらないのだけど。

チョン・ソンホ監督とチョン・ジェウン監督、このふたりに会えただけで、今回ＢＩＦＦに来た意味があったと思うが、印象に残った韓国映画のことも書いておこう。

『**秘密の庭園**』（バク・ソンジュ監督）。10年前に性的暴行を受けた過去を持つチョンウォンは、それを隠して結婚し平穏に暮らしてきたが、警察から犯人が捕まったと連絡が来て、夫との関係に変化が起こる。トラウマとそこからの回復を丁寧にとらえた良作。『**姉弟の夏の夜**』（ユン・ダンビ監督、〈あいち国際映画祭〉タイトル『**ハラボジの家**』、公開タイトル『**夏時間**』）。10代の少女オクジュと弟が、父と一緒に祖父の家で過ごすひと夏を愛しく描く佳作。どちらも女性監督作品。*

大阪民主新報　２０１９年11月10日

＊　このとき見逃した『チャンシルさんには福が多いね』（キム・チョヒ監督）は、大阪アジアン映画祭で見て、配給することになった。

COLUMN 2020

時代の変化を象徴する韓国女性監督の活躍

『はちどり』『82年生まれ、キム・ジヨン』が続いて公開され、韓国の女性監督が描くジェンダー問題が話題となっている。映画に描かれた家庭の中での女性差別がとても胸痛く、それは日本も同じような思いをしてきたからこそ、共感を呼ぶのだ。ここでは、韓国映画界での女性監督の活躍が突然生まれたものではないことを、少し年代を遡って書いてみたいと思う。

１９９７年に監督デビューしたイム・スルレは第2作**『ワイキキ・ブラザース』**を２００１年に発表する。**『ワイキキ・ブラザース』**は売れないバンドの男たちを描いた作品で、監督は〈男はマッチョでなければ〉という当時の韓国男性イメージを覆した。イム監督は女性監督だから女性を描くというスタンスでなく、男性を描くことで韓国社会の矛盾を見せてくれた。当時、彼女が韓国映画誕生から6人目の女性監督（商業デビューしたという意味）だといわれた。

同じく２００１年に**『子猫をお願い』**でデビューしたチョン・ジェウン監督は、女子商業高校を卒業した5人の娘たちが、家父長的な支配に押しつぶされそうになりながら脱出を試みる姿を生き生きと描いた。今日の女性監督の活況はこのあたりから始まったのだ。

『はちどり』のキム・ボラ監督も、**『82年生まれ、キム・ジヨン』**のキム・ドヨン監督も、**『子猫をお願い』**に影響を受けたと語っている。しかしながら、男性映画優位の状況で、女性が主人公の映画はなかなかヒットにはいたらなかった。

〈釜山国際映画祭〉がはじまったのは1996年、翌年にはソウル国際女性映画祭（SIWFF）がスタートした。〈女性の目を通して世界を見る〉というのをスローガンにして世界の女性監督の作品を紹介、韓国の女性監督を育てる場ともなった。SIWFFは第3回まで隔年開催、2002年からは毎年開催になっている。SIWFFはドキュメンタリー作品への援助をし、**『2Lines あるカップルの選択』**（チミン監督／2011年）など家族制度を問い直すすばらしい作品を生んでいる。

2014年セウォル号事件を契機にパク・クネ大統領への批判、改革を求める100万人集会のロウソク革命、こうした社会の動きと韓国女性映画監督の台頭は無関係ではない。

2017年には、イム・スルレ監督とシム・チェミョンプロデューサー（『JSA』）が代表となって〈映画産業男女共同参画センター〉を立ち上げ、映画産業におけるセクハラ問題を報告する。どの業界にもはびこるセクハラに対し「#metoo運動」がおこっている。

そして今、女性たちが生きづらい社会を小説にし、映画に撮ることで広く共感を呼び、それがまた社会を現実に変える力にしているのが韓国女性たちのパワーだ。

『82年生まれ、キム・ジヨン』は、30代のジヨンが主人公だが、ジヨンの母の時代にもスポットをあて、同じ苦労を次の世代にはさせまいという強い意志を感じる。映画の中で私がいちばん感動したのは、自分の夢をあきらめたジヨンの母が、夫に対し「どうして息子のことしか考えないのか、娘が苦しんでいるのに」とはじめて怒りをぶつけるシーンである。

小さいときから男の子と女の子では差をつけられて育てられ、現在もなお、その格差は残っている。『**はちどり**』に先行する『**わたしたち**』（ユン・ガウン監督／2016年）は、小学生の女の子がいじめに遭う様子を描いているが、少女たちが置かれた世界もまた大人の人間関係を反映している。いずれの作品も、女性たちの心の襞を繊細に表現している。俳優たちの演技もさることながら、監督たちの力量もたしかなものだ。韓国映画はまだまだ、男性主人公を中心にした暴力描写の過剰な作品も多いが、確実にイメージを変えつつあると思う。

大阪民主新報　2020年11月8日

ファクトリー・コンプレックス　217
ファザー、サン
→父と息子　107
不安は魂を食いつくす→不安と魂
181
ファンボさんに春が来た　170
風景　209
ふたつの祖国、ひとつの愛〜イ・ジュンソプの妻　223
豚のような女　226
ブラザーズ・キーパー　22
ブラックディール　誰のための民営化？
214
フラッシュバック　103
フルスタリョフ、車を！　54
ブレッド&ローズ
→パンとバラ　78
From Tomorrow On, I Will　240
ベニスで恋して　89
ベルリン・アレクサンダー広場　15
弁護人　233
僕が9歳だったころ　125
海鮮金子（ボックス）　93
ほとりの朔子　211
本名宣言　50
本物の男たち一行のピクニック　42
ま
マイ・ラティマ　205
マザーズ　209
まぶた　222
まぼろしの邪馬台国　165
マンガ肉と僕　218
満月が来る前に　183
ミス・プレジデント　232
ミニストリー・オブ・ラブ　234
明洞教会の6日間の闘い　48
ムサン日記〜白い犬
→ムサン日記　189
もうひとりの息子　206
萌の朱雀　39
モーメント・オブ・インパクト　50
もし、あなたなら　132, 191
もし、あなたなら3（3つ目の視線）
129
もし、あなたなら4〜視線1318　154
もし、あなたなら5　189
もし、あなたなら〜6つの視線　102, 160
物語る私たち　210
燃やすことなかれ　176
モロ・ノ・ブラジル　104
モンキー・キッド　34
や
約束　194
安らぎの土地　82
雪道　219
欲動　218
予測された喪失　23
ヨンジュ　235
ヨンハの風　236
ら
力道山　122
リトル・チュン　73
リトルライフ・オペラ　38
レイムンド　103
レッドマリア　173, 202
LETO
→レト（夏）　236
ロージー　59
ロシアン・ブラザー　109
ロスチャイルドのヴァイオリン　203
わ
ワイキキ・ブラザース　84, 146, 244
わが人生に響く風よ　48
和気あいあい？　172
わたしたち　246
私たちの生涯最高の瞬間　156, 159, 173
私の息が止まるまで　220
私の心に響く風　102
私の非情な家　223
わたしのペレストロイカ　191
私は私を破壊する権利がある　101
湾生回家　226

＊映画タイトル索引は250ページからご覧ください。

→小さな蓮池　194
父、帰る
→帰還　105, 115, 148
チャイニーズ・ポートレート　236
チャッコ　238
忠仔　39
チュニマギ　220
蝶採り　70
蝶の眠り　242
鄭詔文の白い壺　221
チョンノの奇跡　190
塵に埋もれて　102
沈黙の夜　206
一日の女王たち　43
ツヴェタンカ　209
月の寵児たち　70
月の光をくみ上げる　197
月の瞳→夜が落ちていく時　33
TSUNAMI
→海雲台　175
ディア・ピョンヤン　120, 146
ディープ・ブルー　48
提報者 ES細胞捏造事件　217
でんげい わたしたちの青春
→いばらきの夏　226, 241
2Lines あるカップルの選択
→2つの線　196, 245
同行　172
特別市民　234
閉ざされた時間　13
特権　13
ドナルド・キャメル/アルティメット・パフォーマンス　56
飛べ、ペンギン　174
停められた河
→河は流れず　60
トラフィック　88
トランジット　210
トリオ　48
な
長い沈黙　25
夏時間
→姉弟の夏の夜、ハラボジの家　243
夏物語　136
ニーゼと光のアトリエ
→ニーゼ　223
虹鱒　53
ニャム　110
人間の時間　75
眠る男　51, 56
NOGADA（土方）　147
盧武鉉イムニダ　233
は
ハーヴェスト・タイム　118
PERSPECTIVE OF POWER　42
ばあちゃん　109
パートタイム・ゴッド　22
バイコヌール　200
墓守り　190
爆烈野球団！
→YMCA野球団　97
82年生まれ、キム・ジヨン　245
はちどり　244
バッド・ムービー
→悪い映画　47
パパはバリシニコフ　200
バリケード　48
遥か遠くで　49, 59
春の日の約束　191
パンガ？パンガ！　190
パンジーと蔦　82
ハンナ・アーレント　207
ハンマーと鎌　31
B-52　81
日蔭のふたり　50
比丘尼　204
羊が1匹、羊が2匹/モスクワ　177
火の呼吸　240
ビバリーヒルズのスラム街　59
非法移民　16
秘密の庭園　243
百年家族　199
人間喜劇（ヒューマン・コメディ）　94

カップ・ファイナル　15
カリボン　209
河を渡る人々　131
川島芳子　17
カンゾー先生　51
季節と季節の間で　236
北朝鮮がロックした日
→リベレイション・デイ　233
君は裸足の神を見たか　51
金福童　239
木村家の人々
→円ファミリー　67
キューバ音楽の旗手エル・メディコ　198
金魚のしずく
→玻璃少女/グラス・ティアーズ　77
禁断の芝生　33
グアナファトのエイゼンシュテイン　220
グァバの季節　110
クラッシュ・アンド・ブラッシュ　159
グラン・トリノ　167
グリーンフィッシュ　46
九老アリラン　48
群盗、第7章　70
光州5・18
→華麗なる休暇　143
号笛なりやまず　14
国都劇場　239
乞食オペラ　15
今年夏天　145
子猫をお願い
→猫をよろしく　84, 177, 238, 243
動詞変位（コンジュゲーション）　93
さ
ザ・ゲーム　140
最後の願い　37
殺人の追憶　101
さよなら朴先生
→学生府君神位　39
3泊4日、5時の鐘　225
シークレットサンシャイン
→密陽　142
海鮮（シーフード）　93
JSA　245
シスターズ・オン・ザ・ロード　159
沈んだ財宝
→海底に沈んだ船　60
視線の間　230
シバジ　48
シャガールとマレーヴィチ　217
社会生活　239
情　74
少年、チャンギ王になる　230
食事　93
女工哀史
→チャイナ・ブルー　126
人生は人生　116
SUSA　183
スターリングラード　88
スターリンの贈り物　161
ステーション→駅舎　73
素敵な歌と舟はゆく
→さらば、わが家　69
3×FTM　159
戦火の中へ
→砲火の中へ　194
送還日記　103
そして、私たちは愛に帰る　180
その昔7人のシメオンがいた　12
空色の故郷　79
それから　102
そんな風に私を見ないで　227
た
ダイビング・ベル　セウォル号の真実　216, 229
太陽に灼かれて　29
ただ今、仮免練習中
→赤信号は停止、緑は進め　39
楽しき人生
→ハッピーライフ　153
ダンス・タウン　189
小さな池 1950年・ノグンリ虐殺事件

ニチボーとケンチャナヨ
映画タイトル

主な作品インデックス

＊日本公開作品は、そのタイトルを先に、「→」のあとに
映画祭で見たときのタイトルを入れています。

あ

逢う時は他人　209
赤いテンギ　119
空き家　205
アニエスによるヴァルダ　240
あの愛をもういちど　16
あの島へ行きたい　32
アメリカンドリーム　13
歩み続ける理由　199
蟻の兵隊　127
アントニア
→アントニアの系譜　34
アンナ/6歳から18歳　30
生きて帰れてよかったね　13
生きる　213
郁達夫傳奇　16
石ころ　236
行ったり来たり　115
いつものように　45
祈り　39
イマジニング・インディアン　21
美しき青年　全泰壱　46, 238
ウリアッパ　242
運動会　230
永遠なる帝国　27, 48, 134
S21 クメール・ルージュの虐殺者たち　103
エレナの惑い
→流刑　148
黄金時代　218
王の男　132, 153
オーギュスタン　34
おだやかな日常　205
男人四十　94
男はつらいよ　164
鬼が来た！
→鬼子来了　73
オモニ（母）　202
折れた矢　200
愚か者　216

か

外国の月はちょっと丸い　16
海賊、ディスコ王になる　97
輝きの海/スウェプト・フロム・ザ・シー　49
風の丘を越えて～西便制
→西便制　18, 28
語る建築/シティホール　204, 208
語る建築家　199, 208
学校　164

岸野 令子　（きしの　れいこ）

1949年生まれ。1970～89年、全大阪映画サークル協議会事務局に勤める。
1989年からフリーの映画パブリシスト。
1994年、有限会社キノ・キネマ設立、代表取締役。
1995～2017年、龍谷大学非常勤講師として〈多文化映像論〉の講座を持つ。

●主な宣伝作品
『赤毛のアン』『髪結いの亭主』『天使にラブソングを』『子猫をお願い』
『マルタのやさしい刺繍』『拝啓、愛しています』など。
●主な配給作品
『暗恋桃花源』『永遠なる帝国』『もし、あなたなら～６つの視線』
『ブッダ・マウンテン　希望と祈りの旅』『金子文子と朴烈』
『チャンシルさんには福が多いね』など。
●著書
『猫の手貸します。～私流・映画との出会い方』（十年社）
『どん底のロシア』（共著、かもがわ出版）

●イラスト　岸野 令子
●装幀　　　仁井谷 伴子

ニチボーとケンチャナヨ
私流・映画との出会い方２

2021年２月15日　第１刷発行

著　者　岸野 令子
発行者　山崎 亮一
編　集　せせらぎ出版
〒530-0043　大阪市北区天満1-6-8 六甲天満ビル10階
TEL 06-6357-6916　FAX 06-6357-9279
郵便振替　00950-7-319527
https://www.seseragi-s.com/

印刷・製本所　亜細亜印刷株式会社

ISBN 978-4-88416-277-1